F. B. Meyer

Voraussetzungen für ein gottgefälliges Leben

VERLAG SCHULTE + GERTH, ASSLAR

Die amerikanische Originalausgabe erschien im Verlag Moody-Press, Chicago
© der deutschen Ausgabe 1983 Verlag Schulte + Gerth
Aus dem Amerikanischen von Michael Becker

Best.-Nr. 15 657
ISBN 3-87739-657-7
1. Auflage 1983
Umschlaggestaltung: Gisela Scheer
Satz: Typostudio Rücker & Schmidt, Langgöns-Niederkleen
Druck und Verarbeitung: Ebner Ulm
Printed in Germany

INHALT

WIEDERGEBURT

O himmlischer Vater! Du Ruhmreicher und Liebender! Ich danke dir, daß ich durch den Glauben und die erneuernde Gnade des Heiligen Geistes von neuem geboren wurde. Gib mir mehr von dem Geist eines Kindes und der Einfachheit eines Kinderherzens! Möge dein Geist meinem Geist bezeugen, daß ich dein bin für immer – durch deine überwindende Liebe.

Ihr müsset von neuem geboren werden.
(Johannes 3,7)

Dies war der erste Satz, den Jesus zu dem Pharisäer Nikodemus sagte, als dieser ihn im Schutz der Nacht aufsuchte. „Wenn jemand nicht von oben geboren ist", so lautet die genaue Wiedergabe des griechischen Textes, „kann er nicht in das Reich Gottes kommen … Wundere dich nicht, daß ich dir sagte …"

Jesus verbietet es uns hier, uns über die Art und Weise zu wundern, mit der wir in das Reich Gottes kommen können. Sicherlich dürfen wir uns aber über die einmalige Chance, Söhne und Töchter des ewigen Gottes zu werden, wundern. Und noch viel verwunderlicher ist die Tatsache, daß es Menschen gibt, die diese Gelegenheit ungenutzt verstreichen lassen.

Das Angebot Gottes an uns ist sicherlich das Wunderbarste, was einem Menschen widerfahren kann. Denn wenn wir Kinder des Höchsten werden, so werden wir seine Erben und Miterben Jesu Christi. Das ist ein so großes Wunder, daß es unmöglich ist, es in Worte zu fassen oder gar zu erklären.

Nicht an die Engel, die doch nie gefallen sind, die nie die Verbindung zu Gott verloren haben, ergeht dieses Angebot, sondern an uns Menschen, die wir zu der gefallenen Schöpfung gehören, die wir uns in unseren bösen Herzen von Gott abgewandt haben. Ohne die Hilfe Gottes wären wir für immer verloren und würden keinen Ausweg aus den schrecklichen Situationen unseres Lebens finden. Aber mit seiner Hilfe haben unzählige Menschen den Weg aus den Tiefen ihrer Verlorenheit zu dem Thron des Lammes gefunden. Sie waren Götzendiener, Lügner, Ehebrecher, Säufer, Diebe, Erpresser – aber sie wurden gewaschen, geheiligt, gerechtgesprochen im Namen Jesu und durch die Kraft des Heiligen Geistes. „Wie viele ihn aber aufnahmen, denen gab er Macht, Gottes Kinder zu werden, die an ihn glauben, welche nicht von dem Geblüt noch von dem Willen des Fleisches noch von dem Willen eines Mannes, sondern von Gott geboren sind" (Johannes 1,12+13).

Die Natur des Menschen ist dreigeteilt, d.h. wir leben und empfinden auf drei verschiedenen Ebenen:

1. Mit dem GEIST berühren wir die Welt über uns
2. Mit der SEELE berühren wir die Welt um uns
3. Mit dem KÖRPER berühren wir die Welt unter uns.

Die Seele ist der Bereich des Ich-Bewußtseins. In ihr wird unser ganz individueller Charakter gebildet und gesteuert. Sie ist der Sitz unserer Persönlichkeit. Gott beansprucht die Seelen aller Menschen für sich. Unser Gewissen, unser Wille, das Denken, Gefühle der Zuneigung – alle diese Dinge, die uns zu unverwechelbaren Individuen machen, spielen sich auf der Ebene der Seele ab. Von hier aus führt eine Treppe hinauf zu dem Geist, durch den wir Kontakt zu Gott und der geistigen Welt aufnehmen können. Und es führt eine Treppe hinab zu dem Körper, durch den wir mit Hilfe der fünf Sinnesorgane Kontakt zur materiellen Welt, d.h. der Welt unter uns haben. Leider ist der Teppich auf der Treppe zum Geist meist fast unbenutzt, während der auf der Treppe zum Körper oft schon sehr fadenscheinig ist!

Gott ist eine Dreieinigkeit, so wie es in Matthäus 28,19 der Herr selbst sagt, und er hat uns zu seinem Bilde geschaffen. Deswegen ist auch jeder von uns Drei in Einem: Geist, Seele und Leib (vergleiche 1. Thessalonicher 5,23).

Bei einem kleinen Kind ist zuerst nur der Körper erkennbar. Später erwacht dann die Seele und versetzt das Kind in die Lage, ganz spezifisch zu handeln: es weint, lacht, nimmt Kontakt auf. Erst viel später, wenn man das Kind behutsam auf den Weg zu Gott geführt hat, kann es auf die Ebene des Geistes aufsteigen und so das Unsichtbare, das Ewige und Göttliche, erkennen.

Im Geist findet die Geburt von oben statt. „Der Geist selbst gibt Zeugnis unserem Geist, daß wir Gottes Kinder sind" (Römer 8,16). Durch den Geist bekommen wir Zugang zu dem Heiland. Mit dem Geist begrüßen wir den Herrn, der steht und anklopft. Durch den Geist beten und meditieren wir und wachsen in der Gnade.

Das Geschehen der Wiedergeburt

Eines Tages spazierte ich mit meinem Freund in seinem sehr schönen Garten, auf den er mit Recht stolz sein konnte. Als wir bei den Gemüsebeeten anlangten, sagte er: „Dieses Jahr sind alle meine Feuerbohnen nichts geworden."

„Wie kommt das?" fragte ich.

„Weil es nur so wenig Bienen gab. Ich glaube, sie sind durch den harten Winter umgekommen."

Ich verstand. Wenn Bienen sich auf der Suche nach Honig auf einer Blüte niedersetzen, dann bringen sie an ihrem Körper den wertvollen Pollen oder Samen mit, auf den die Blume wartet. Damit eine Frucht überhaupt erst entstehen kann, ist es notwendig, daß dieser Vorgang stattfindet. Ohne

Bienen gibt es, wie in dem Fall der Feuerbohnen meines Freundes, keine Bestäubung der Blüte und damit auch keine Frucht.

Ähnlich verhält es sich in unserem geistlichen Leben. Wir sind darauf angewiesen, daß das Leben von Gott in uns hineinströmt, damit wir von oben geboren werden. Diese Wiedergeburt geschieht nicht aus vergänglichem, sondern aus unvergänglichem Samen, durch die Botschaft von dem ewigen Gott. Diese Botschaft finden wir in dem Wort des Herrn – in der Bibel. Nur hier finden wir den Samen, der nicht wie Gras vergeht, wenn der Wind darüberweht, sondern der ewig ist.

Deswegen ist es so ungeheuer wichtig, im Wort Gottes zu lesen. Es ist Gottes Samenkorb, aus dem der Same reichlich ausgestreut wird. Darum: haltet eure Kinder an, in der Bibel zu lesen, laßt die Pastoren über das Wort predigen, laßt die Bibelgesellschaften dieses Wort in Umlauf bringen. „Des Menschen Sohn ist's, der den guten Samen sät. Der Acker ist die Welt. Der gute Same sind die Kinder des Reiches" (Matthäus 13,37+38).

Die Stunde der Wiedergeburt

In vielen Fällen, vielleicht sogar in den meisten, wissen die Christen nicht genau, zu welchem Zeitpunkt sie vom Tod zum Leben gekommen sind. Sie können die große Erneuerung ihres Lebens zeitlich nicht einordnen. So ist es auch bei mir. Ich habe keinerlei Erinnerung, weder an Ort noch an

Zeit, wann und wo ich den unvergänglichen Samen in mein Herz aufgenommen habe. Vielleicht als ich mich neben meine Mutter kniete, um das Abendgebet zu sprechen. Später kam ich dann in schwere innere Konflikte, als ein Pastor von mir verlangte, einen Zeitpunkt und einen Ort zu nennen, an dem ich zur Familie Gottes gestoßen bin. Mir war es dann eine große Erleichterung, als ich Spurgeon in einer Predigt sagen hörte: „Der Mensch kann sicher sein, daß er lebt, auch wenn er seinen Geburtstag nicht kennt."

Es mag sein, daß einmal ein Engel im Himmel uns in dem Buch des Lebens zeigt, wann wir durch den Glauben zur Familie Gottes gestoßen sind. Für die Zwischenzeit gibt uns Johannes in seinem ersten Brief wenigstens fünf Zeichen, anhand derer wir überprüfen können, ob wir schon Söhne und Töchter des Herrn geworden sind:

1. Wir werden von der Welt nicht erkannt (1. Johannes 3,1)
2. Wir werden keine Sünde mehr fortsetzen können, wenn sie uns bewußt wird (1. Johannes 3,9+10)
3. Wir werden eine heilige Liebe zu unseren Brüdern und Schwestern bewahren (1. Johannes 3,14)
4. Wir werden Gott lieben und nach seinen Richtlinien leben (1. Johannes 5,1+2)
5. Wir werden vom Heiland treu und wahrhaftig bewahrt werden für sein Werk (1. Johannes 5,18-20).

Das überzeugendste und hilfreichste Zeichen

finden wir aber in dem Evangelium des Johannes, im ersten Kapitel in den Versen 12+13: „Wie viele ihn aber aufnahmen, denen gab er Macht, Gottes Kinder zu werden, die an seinen Namen glauben, welche nicht von dem Geblüt noch von dem Willen des Fleisches noch von dem Willen eines Mannes, sondern von Gott geboren sind."

Von oben herab

Das Mineral kann sich keinen Weg in das Pflanzenreich erzwingen, aber die Pflanze ist in der Lage, sich nach unten zu strecken und die lebenswichtigen Stoffe des Bodens in sich aufzunehmen.

Die Pflanzen können sich keinen Weg in das Tierreich erzwingen, aber Tiere nehmen beim Fressen diese Pflanzen auf und verwerten sie in ihrem Organismus.

Das Tier kann dem Menschen nicht gleich werden. Und doch mag in der engen Beziehung eines Menschen zu seinem Hund eine Art Erhöhung auf die menschliche Ebene stattfinden.

Ebenso kann der Mensch sich den Weg zu Gott nicht erzwingen, aber Gott kommt auf seine Ebene hinab, um ihn zu erheben und aufzunehmen in sein Reich. Dadurch wird der Mensch Teilhaber der göttlichen Natur, weil er der Zerstörung der Welt entgangen ist. Gott ist es, der uns dazu seinen Geist gegeben hat.

Das Erbe

In Lukas 15,31 sagt uns unser Herr, wie er sich die Beziehung zwischen uns und ihm vorstellt: „Mein Sohn, du bist allezeit bei mir, und alles, was mein ist, das ist dein." Dies ist die Idealvorstellung Gottes für jeden einzelnen von uns. Er will uns als seine Kinder haben. Nicht als Adoptivkinder, sondern als von ihm geborene, die Teilhaber seiner göttlichen Natur sind, die seinen Geist haben und in diesem Geist ihn als ihren Vater anerkennen.

Außerdem sehnt er sich nach einer festen und engen Gemeinschaft mit uns. Genauso wie der Vater in dem Gleichnis vom verlorenen Sohn sich nach Gemeinschaft mit beiden Kindern sehnt, so will Gott mit allen Menschen zusammensein. Und er macht uns zu Mitbesitzern und Erben: „... alles, was mein ist, das ist dein". Jetzt sind wir noch minderjährig, und der volle Besitz ist noch nicht in unserer Hand. Aber wenn wir auch Diener Gottes sind, sind wir doch nicht Sklaven, und Gott wird uns zur festgelegten Zeit unser Erbteil geben. Dann sind alle Dinge unser durch die Gnade unseres Gottes.

OPFER

Heiliger Gott! Wie kann ich dir jemals genug danken, daß du dich selbst nicht verschont hast, als dein Sohn, unser Heiland, starb, um uns zu erretten! Ich danke dir, daß er mich liebte und sich für mich hingab und daß sein Tod mir und allen, die glauben, das Tor zum ewigen Leben geöffnet hat.

Der Sohn des Menschen muß erhöht werden.
(Johannes 3,14)

Das Wunderbarste, was wir von Gott wissen, ist nicht seine Allmacht, Allwissenheit oder Allgegenwart, sondern daß er bereit war, in der Person Jesu Christi das unermeßliche Opfer von Golgatha auf sich zu nehmen. Trotz seines Reichtums und seiner Macht ist er arm und schwach geworden, damit wir durch diese Armut reich würden. Dies erkennen die himmlischen Zeugen an, wenn sie rufen: „Das Lamm, das erwürget ist, ist würdig, zu nehmen Kraft und Reichtum und Weisheit und Stärke und Ehre und Preis und Lob" (Offenbarung 5,12).
　Zu Recht wird das Selbstopfer, die Selbstauf-

gabe um der anderen willen, als die höchste Tugend des Menschen angesehen. Dafür gibt es in der Geschichte der Menschheit viele hervorragende Beispiele. Doch sie alle verblassen gegenüber dem, was Jesus für uns am Kreuz von Golgatha vollbracht hat.

Er wußte, daß, obwohl er die gesamte Menschheit liebte und jeden einzelnen erretten wollte, die Mehrheit ihn doch zurückweisen würde.

Er wußte, daß er mit der Sünde der Welt befleckt würde, obgleich er selbst sündlos war.

Er wußte, daß in der Stunde der Not das Gesicht des Vater bedeckt sein würde.

Er wußte, daß diejenigen, die ihm nachgefolgt waren, ihn in der Verzweiflung allein lassen und ihn sogar verleugnen würden.

Er wußte, daß er wie ein Lamm zur Schlachtbank geführt werden würde.

Dennoch zögerte er nicht, sondern legte alle Zeichen seiner Ehre und Macht ab und war gehorsam bis zum Tod.

Jesus hat uns in seinem Handeln ein Beispiel gegeben, dem wir nacheifern sollen. Der Apostel Petrus schreibt dazu: „Denn dazu seid ihr berufen, da auch Christus gelitten hat für euch und euch ein Vorbild gelassen, daß ihr sollt nachfolgen seinen Fußstapfen" (1. Petrus 2,21). Es geht nicht um das, was ich bekomme, sondern um das, was ich gebe; nicht um mein eigenes Vergnügen, sondern um die Aufrichtung der Gefallenen; nicht darum, Lasten abzulegen, sondern die Lasten anderer mitzutragen. Das ist der wahre Weg des Segens, den unsere Glaubensväter gegangen sind und den auch Jesus gegangen ist. Der Weg führt von mir selbst weg, hin zu dem anderen. Und dieser Weg wird reichen Segen für alle bringen, die ihn beschreiten.

Die Schuld ist getilgt

„Seht", sagt der Täufer, „das Lamm Gottes, das dahinnimmt die Sünde der Welt". Er, der ohne Sünde war, der in Heiligkeit und Frieden lebte, nahm freiwillig Verbindung mit der gefallenen Schöpfung auf. Er stellte sich uns gleich, nahm die Strafe auf sich, die wir verdient hatten, und bewahrte uns so vor der ewigen Verdammnis. Das war seine größte Tat. Als der zweite, der sündlose Adam, lud er die Sünden der ganzen Welt auf sich und trug sie nach Golgatha. Er erlitt den Sühnetod für uns, um uns freizukaufen, um für uns die vollkommene Erlösung zu erreichen.

Vor uns liegt die Möglichkeit, unseren Anteil an dem Opfer von Golgatha in Anspruch zu nehmen – oder ihn zu verspielen. So wie es der Mann in dem Gleichnis tat, dem selbst von seinem Herrn eine Schuld von 10.000 Talenten erlassen wurde und der danach einen Mitknecht ins Gefängnis werfen ließ, weil dieser ihm 100 Denare schuldete. Zu Recht wurde er daraufhin den Folterknechten übergeben, weil er die Vergebung seines Herrn verscherzt hatte.

Sei nicht damit zufrieden, etwas von dem Geheimnis des göttlichen Selbstopfers zu wissen, sondern nimm daran teil und vereinige dich so mit der Liebe Gottes. Auf diese Weise wirst du ein Kanal, durch den Gott seine Liebe auf die Erde ausgießen kann. Wer das Opfer von Golgatha annimmt und mit ihm eins wird, der beginnt einen völlig neuen Abschnitt seines Lebens. Das Alte ist vergangen, und alles ist neu geworden. Die Liebe Christi macht ihn fähig, nicht mehr für sich selbst zu leben, sondern sich hinzugeben, hinzuwenden zu dem anderen.

Stell dich noch einmal vor das Kreuz. Denke daran, daß du mit Christus allein dort warst. Sprich laut: „Er trug meine Sünden dort an das Kreuz. Ich bin mit ihm gekreuzigt. Ich habe kein anderes Ziel im Leben, als mich mit seinem Tod zu verbinden, damit ich an seinem Leben teilhabe. Von nun an will ich täglich und stündlich im Glauben an den Sohn Gottes leben, der mich geliebt und sich für mich hingegeben hat."

Die Macht des Teufels ist gebrochen

Wahrscheinlich gibt es Unmengen von Dämonen, aber es gibt nur einen einzigen Teufel. Er ist der Fürst dieser Welt, und es ist absurd und gefährlich, leichthin über ihn zu sprechen. Diejenigen, die nicht in Christus geborgen sind, tun recht daran, ihn zu fürchten. Schon bevor unser Herr öffentlich auftrat, begegnete er dem Satan in der Wüste. Hier entschied er sich, nicht ein Statthalter des Teufels zu werden, sondern am Kreuz den Sieg für die Menschheit zu erringen. Hier entschied er sich für den Kampf gegen den Satan, einen Kampf, den er bis zum Ende in Gethsemane durchstehen mußte. Wir wagen nicht, uns das Schicksal der Menschheit auszumalen, wenn Jesus nicht der Sieger geblieben wäre, sondern der Anfechtung nachgegeben hätte. Aber er trank den bitteren Kelch bis zur Neige. In Hebräer 5,7 lesen wir, daß Jesus in seiner Not Gebete und demütiges Flehen zu Gott aufsandte, der ihn vom Tod erretten konnte. Sicherlich war das ein Zeichen seiner Angst, in der Belastung des letzten Kampfes könnte sein Körper versagen.

Aber mit Gottes Hilfe besiegte unser Heiland den, der die Macht des Todes besitzt, und er befreite die, die ihr Leben lang gefangen waren. Wenn wir uns auf unseren auferstandenen und zum Himmel aufgefahrenen Herrn berufen, haben wir die Macht, allen Mächten der Finsternis entgegenzutreten. Wie ein Polizist durch die Autorität des Staates, den er vertritt, seine Aufgaben wahrnehmen kann, so kann auch das schwächste Kind Gottes, wenn es sich auf Golgatha beruft, mit seiner Autorität die Macht des Satans überwinden.

Geöffnete Türen

Jesu Tod war ein freiwilliger Akt der Liebe. Er sagte: „Niemand nimmt es (das Leben) von mir, sondern ich lasse es von mir selber. Ich habe Macht, es zu lassen, und Macht, es wiederzunehmen. Solch Gebot habe ich empfangen von meinem Vater" (Johannes 10,18). Durch seinen Tod und seine Auferstehung riß er die Schlüssel des Todes aus der Hand des Satans. Zu Johannes sagte Jesus: „Ich war tot und siehe, ich bin lebendig von Ewigkeit zu Ewigkeit und habe die Schlüssel der Hölle und des Todes" (Offenbarung 1,18).

Unser Herr hat also die Macht über die Tür, die zur Ewigkeit führt. Wenn wir das Ende unseres Erdenweges erreicht haben, werden wir ihn lächelnd auf uns warten sehen. So wie Stephanus Jesus stehen sah, als er von ihm als der erste christliche Märtyrer mit der Krone des Lebens empfangen wurde. Wie gut wird es uns tun, ihn zu sehen und zu hören, wie er uns einlädt, in seine Herrlichkeit einzugehen. Das Grab kann keine Furcht mehr verbreiten, und der Tod hat seinen Stachel verloren. Ähnlich wie ein Baby auf dieser Welt mit einem Kuß begrüßt wird, wie sich schützende Arme um es legen, wie viele Dinge liebevoll vorbereitet sind, so werden auch wir in der Herrlichkeit von unserem Herrn empfangen werden.

Leben in der Freude

Es genügt nicht, die Hände nach den Segnungen Gottes auszustrecken und sich dann zur Ruhe zu setzen. Wenn du eins geworden bist mit Jesus, dadurch, daß du seinen Tod für dich in Anspruch genommen hast, dann nimm teil an seinem auferstandenen, siegreichen Leben. Er ist der Weinstock, und wir sind die Reben! Wir sind der Sünde gestorben, damit wir diese Funktion als Reben erfüllen können. Gott will und kann uns das Leben und volles Genüge geben. Denn der Strom des Lebens von der Pflanze zur Frucht ist nicht mehr unterbrochen. Anteilnehmen am Leben Jesu heißt nicht, in Trübsal zu versinken, sondern in einer tiefen, andauernden Freude zu leben. Richte dein Leben aus nach den ewigen Prinzipien, die Jesus in seiner Bergpredigt genannt hat, und du wirst diese Freude in deinem Leben erfahren.

Oft bedeutet das, daß wir die Freude an den Dingen verlieren, die uns einst so gefesselt hatten. Ein junges Mädchen erzählte mir einmal, daß sie Abend für Abend einem bestimmten Freizeitvergnügen nachgegangen war. Als sie jedoch Jesus fand, verlor sie die Freude daran. Kurze Zeit später ging sie nochmals hin, um zu sehen, was sie damals so gefesselt hatte. Doch nach kurzer Zeit wurde ihr endgültig klar, daß das kein Vergnügen war, das sie gegen die Freude, die sie in Jesus gefunden hatte, eintauschen wollte. Sicherlich sagt die Bibel völlig richtig, daß in Christus das Alte vergangen ist und alles neu wird.

SELBSTLOSIGKEIT

Herr Jesus! Ich bitte dich demütig, daß der Heilige Geist mich leiten möge, die wahre Bedeutung von Golgatha zu verstehen und zu erkennen. Ich will der Sünde sterben und der Gerechtigkeit leben. Eins mit dir in deinem Tod, werde ich mit dir auch eins sein in deinem Sieg über Welt, Fleisch und Teufel!

Wenn unsere Sünden durch die Annahme des Opfers unseres Herrn vergeben sind, dann entsteht das Problem, wie wir ein heiliges Leben erlangen können. Oft schon haben Menschen versucht, dieses Problem zu lösen, aber keiner kann behaupten, von sich aus den Weg zu einem besseren, heiligen Leben gefunden zu haben.

Die Lösung der Heiden

Die großen Philosophen des antiken Griechenland haben es versucht: Plato, Sokrates, Aristoteles und andere meinten, die menschliche Seele sollte sich durch eigene Anstrengung zu einem besseren Selbst erheben. Der höchste Ansporn war für sie dabei das Ideal der Schönheit. Paulus aber, der auch im Sinne dieser Philosophie erzogen worden war, bekannte später traurig: „Das Gute, das ich tun will, tue ich nicht; das Böse, das ich nicht tun will, tue ich!"

Noch heute zeugen Gebäude, Statuen und die Literatur von den Idealen der Griechen. Aber die Schüler der Philosophen waren nicht in der Lage, diese Ideale in ein besseres Leben umzusetzen. Vielmehr zeigt sich deutlich, daß diese Philosophie immer in Verzweiflung endete: Odysseus, der über das Meer irrte, Sysiphus, dessen grausamer Auftrag nie erledigt werden konnte, Prometheus, dessen Körper von einem Geier gefressen wurde, Herkules, der immer neue, schwerere Arbeiten aufgebürdet bekam – sie alle zeugen von der Unfähigkeit, die eigenen Ideale zu verwirklichen.

Unbewußt bezeugen sie mit Paulus, daß Gott von der Welt mit ihrer ganzen Weisheit nicht erkannt werden kann. Es ist den Narren – oder denen, die Philosophen für Narren hielten – vorbehalten, diese Erkenntnis zu erlangen.

Die Lösung des Täufers

Johannes, der den Beinamen „der Täufer" erhielt, wurde vom Geist Gottes in die wilden, unwirtlichen Berge geführt, die sich zum Jordan hin erstrecken. Dort lebte er auf einfachste Weise, aber in der unmittelbaren Nähe des unsichtbaren und heiligen Gottes. Eines Tages kam eine Karawane mit Pilgern vorbei, die auf dem Weg nach Jerusalem waren. Johannes trat ihnen in den Weg und begrüßte sie mit der Aufforderung: „Tut Buße, denn das Himmelreich ist nahe herbeigekommen! Bereitet dem Herrn einen Weg! Macht seine Pfade gerade!"

Die verblüfften Pilger konnten eine seltsame Geschichte erzählen, als sie schließlich in Jerusalem ankamen. Wie ein Lauffeuer verbreitete sich die Neuigkeit von Mund zu Mund: „Elia ist wieder da! Gott ist zu seinem Volk gekommen!" Ganz Jerusalem und Judäa zog hinaus, um diesen Mann zu hören. Und tatsächlich ließen sich viele Menschen durch den Rufer in der Wüste zur Buße führen.

Obwohl Johannes von Gott geführt und beauftragt war, zur Buße zu rufen, so erkannte er doch seinen Mangel: Er konnte zwar den äußeren Ritus der Taufe vollziehen, aber er konnte nicht die Vergebung der Sünden gewähren! Er wußte, daß er nur den Weg bereiten sollte für einen Größeren, der nach ihm kommen würde. Wie der Morgenstern bei Anbruch des Tages, so würde auch er bei der Ankuft dieses Größeren verblassen.

Johannes wartete sehnsüchtig und geduldig auf einen Mann, der eine größere geistliche Bewegung auslösen würde, als es jemals zuvor geschehen war. Und die Menge der ernsthaft Suchenden zog deswegen auch von ihm weg, hin zu Jesus Christus, als dieser auftrat. Nur wenige Jünger blieben bei dem Täufer, um weiter auf die Stimme des Herolds zu hören. Johannes war damit zufrieden, daß seine Beliebtheit abnahm, die des Christus aber zunahm. Er wußte genau, wer der wahre und einzige Bräutigam war.

Die Lehre, die Johannes predigte, konnte die Probleme der Menschen nicht lösen. Denn er war nicht in der Lage, ihnen zu sagen, wie sie mit sich selbst – oder wie es der Apostel Paulus sagte: mit ihrem Fleisch – fertig werden könnten. Unser Drang nach Selbstverherrlichung nimmt immer wieder unser Tun und Denken gefangen. Wie ein dunkler Schatten legt er sich auf unser Leben und macht uns krank und müde. Es ist so, als seien wir, ähnlich wie bei den furchtbaren römischen Folter-methoden, an den verwesenden Leib eines Toten gefesselt: „Wer wird mich von dem Körper des Todes befreien?"

Es war für Johannes offensichtlich, daß Gott einen neuen Weg der Heiligung zeigen mußte, den weder die Philosophie der Griechen noch das mosaische Gesetz, das Johannes vertrat, ebnen konnten.

Die Lösung des Neuen Testamentes

Wir haben bereits gesehen, daß unser eigenes Ich unser größtes Hindernis ist. Es ist immer da, dür-stet jeden Tag neu nach Lob und Anerkennung! Gewiß, wir haben natürliche Gaben, die ein gehei-ligtes Geschenk unseres Gottes sind, für das wir nicht genug danken können. Aber immer wieder versuchen wir, diese Gaben einzusetzen, um Be-wunderung durch unsere Mitmenschen herauszu-fordern. Es ist unser Drang nach Selbstverherrlichung, der alles zerstört und die Harmonie unseres Lebens untergräbt. Wir stehen sogar in der Versuchung, stolz auf unsere Demut zu sein! Wenn wir zu Gottes Lob singen, bringen wir es fertig, auf unsere Stimmen stolz zu sein! Und mancher Prediger empfindet Stolz darüber, daß ihm seine Predigt über Demut so gut gelungen ist!

Wir müssen lernen, unsrem allgegenwärtigen Ich keinen Raum zu geben. Aber der Kampf, den wir dabei auszustehen haben, wird, wie Paulus in Römer 7 sagt, lang und schwer sein. Wenn die Sonne aufgeht, so leuchten ihre Strahlen immer tiefer in die Grube hinein. Ebenso finden wir in uns immer weitere Tiefen der Ich-Sucht, wenn wir uns mehr und mehr der Sonne des Wortes Gottes aussetzen. Noch oft werden wir den Ruf des Apostels nach Befreiung wiederholen. Aber es gibt diese Befreiung: wenn wir täglich unser Eigenleben durch die Verbindung mit dem Kreuz Christi absterben lassen.

Der alte Mensch, unser selbstsüchtiges Ich also, ist mit an das Kreuz des Heilands genagelt worden. Durch unsere Verbindung mit Jesus Christus in seinem Tod sind wir, wie Gott es beabsichtigt hat, der Sünde gestorben. Wir waren mit ihm eins im Tod und sind mit ihm verbunden in der Auferstehung. Dieses Wissen müssen wir für uns persönlich wahr machen. Wir müssen erkennen, daß unser altes Ich mit Christus gekreuzigt ist und wir nun die herrliche Freiheit seiner Auferstehung haben. Der Tod Jesu bedeutet gleichzeitig den Tod der Sünde. Das Leben, das Jesus jetzt lebt,

lebt er Gott. Wir sind mit ihm der Sünde und dem Ich gestorben, aber wir leben für Gott durch die Verbindung mit unserem Heiland. Das eigene Ich mag nicht gestorben sein, aber wir sind für das Ich gestorben!

An einem Sommerabend kam ich in der Universität von Northfield an. Vor achthundert bis eintausend Zuhörern stand Dwight L. Moody gemeinsam mit seinem Bruder auf der Bühne. Als ich auch auf die Bühne ging, hörte ich folgenden Dialog:

„Was hast du denn da?" fragte Moody seinen Bruder.

„Einen Apfelbaum!"

„War es schon immer ein Apfelbaum?"

„Nein, es war ein wilder Schößling, dem wir aber einen Apfelstamm aufgepfropft haben."

D.L. Moody wandte sich nun an mich: „An was erinnert Sie das?"

„Wir waren wie alle Menschen wilde Schößlinge ohne Hoffnung auf Frucht. Aber dann hat uns der Heilige Geist Jesu Natur eingepflanzt."

„Gibt es Schwierigkeiten mit dem wilden Schößling?" wurde wieder der Bruder gefragt.

„Ja. Der Baum schlägt immer wieder unterhalb des Pfropfes aus. Diese Triebe verbrauchen die ganze Kraft, so daß für den veredelten Teil nicht genug Saft übrigbleibt."

„Was macht ihr dann damit?"

„Wir kneifen die Triebe, die unterhalb des Pfropfes herauskommen, ab. Aber sie treten weiter unten immer wieder heraus."

28

Nach dieser Auskunft fragte mich Moody, ob es im Leben der Christen etwas Ähnliches zu beobachten gäbe. Ich sagte dazu:

„Dieser veredelte Apfelschößling ist ein gutes Gleichnis für unser eigenes Leben. Unser altes Ich bricht auch immer wieder hervor. Anfangs haben wir es mit meist oberflächlichen Versuchungen zu tun, um unsere Eitelkeit zu befriedigen. Aber je älter wir werden, desto tiefer reichen auch die Ausbrüche unseres alten Ichs!"

Um noch näher zu erläutern, was gemeint ist, will ich das Beispiel eines Dr. Tauler aus Straßburg erzählen. Dieser Mann hatte zu späterer Zeit maßgeblichen Anteil an Luthers Reformation. Schon immer war er ein hervorragender Redner gewesen. Aber eines Tages kam ein junger Schweizer namens Nikolaus von Basel in die Kirche von Dr. Tauler und sagte zu dem Prediger: „Du mußt sterben, Dr. Tauler! Bevor du dein großes Werk für Gott, für die Welt und diese Stadt tun kannst, mußt du sterben: Dir selbst, deinen Gaben, deiner Beliebtheit, sogar deiner Tugend mußt du sterben! Erst wenn du die volle Bedeutung des Kreuzes begriffen hast, wirst du neue Macht von Gott bekommen."

Dr. Tauler lehnte diese Einmischung zuerst empört ab, blieb dann aber seiner Kanzel für einige Zeit fern, um sich zu Gebet, Meditation und Selbsterforschung zurückzuziehen. Als die innere Sicht immer klarer wurde, erkannte er, wieviel Anstrengungen seines Dienstes aus dem Wunsch heraus entstanden waren, Eindruck zu schinden.

Aber nicht um Christi willen, sondern um sein eigenes Ansehen zu erhalten und zu vergrößern! So ließ er die Anerkennung durch die Menschen am Kreuz zurück und beschloß, nur noch dem gekreuzigten Herrn zu dienen. Von dieser Zeit an halfen seine Predigten den Menschen wie nie zuvor, und Dr. Tauler konnte den Weg für Luther und die Reformation bereiten helfen.

Dieses Geschehen wiederholt sich immer wieder. Der Pariser Pastor Monod hat es in einem Liedvers aufgeschrieben, als er zum ersten Mal eine Schau von einem erfüllten Leben mit Gott und Christus hatte:

Alles für mich und nichts für dich!
Einiges für mich und einiges für dich!
Weniger für mich und mehr für dich!
Nichts für mich und alles für dich!

In dem schon erwähnten Kapitel des Römerbriefes schreibt der Apostel Paulus von seinen inneren Kämpfen. Er fühlt sich wohl wie ein Vogel, der immer wieder gegen die Gitterstäbe seines Käfigs fliegt und dessen Hoffnung auf Freiheit doch vergeblich ist. Sein eigenes Ich hält ihn gefangen. Aber Petrus weiß auch – und beschreibt diese Erkenntnis im nächsten Kapitel –, daß diejenigen, die im Geist wandeln, aus ihrer eigenen Begrenzung befreit werden. Denn der Geist Gottes hat sie von der Belastung der Sünde und des Todes befreit.

Stellen wir uns vor, wir stünden auf dem Deck eines Dampfers und betrachteten den Flug einer Seemöve. Natürlich wird sie durch die Erdanziehungskraft nach unten gezogen, aber diese Kraft wird durch die Kraft der Flügelschläge ausgeglichen. Jeder Flügelschlag wird dabei von dem Lebensgeist, der in der Brust des Tieres wohnt, bestimmt. Genauso wird jedem von uns, in dem der Geist Gottes wohnt, das Leben unseres Heilands gegeben. Die besondere Art dieses Lebens trägt mehr als ausreichend dazu bei, daß wir nicht von der Anziehungskraft der Sünde nach unten gezogen werden. Schon bei der kleinsten Andeutung von Sünde sorgt der Heilige Geist dafür, daß wir die Dinge, die unser Ich gern tun möchte, nicht tun können. Wir fallen nicht in die Sünden zurück, die früher zu unserer Natur gehörten. Die Voraussetzung dafür beschreibt der Apostel in Galater 5, 16-26. Dort heißt es unter anderem: „Wandelt im Geist, dann werdet ihr die Begierden des Fleisches nicht befriedigen."

Der Geist wird sich gegen unser Fleisch erheben und den absoluten Sieg erringen. So kann tatsächlich eine Versuchung zur Stärkung des Charakters beitragen, wenn wir ihr mit der Hilfe unseres Herrn widerstehen.

Vor einigen Jahren verbrachte ich mit anderen Christen zusammen einige Herbstabende bei Canon Wilberforce. Wir saßen in seinem Arbeitszimmer um das Feuer herum und sprachen über die Probleme des geistlichen Lebens. Nachdem einige Männer die negativen Auswirkungen der Sünde betont hatten, erhob sich ein älterer Geistlicher und sagte:

„Ich bin von Natur aus jähzornig. Als ich vor

kurzem zu den Kindern meiner Sonntagsschule sprach, waren sie unruhiger als gewöhnlich. Ich stand kurz davor, die Geduld zu verlieren, als ich aufblickte und unseren Heiland ruhig und stark vor mir sah. Ich betete: ‚Herr, gib mir deine Geduld, denn meine ist am Ende!' Sofort hatte ich den Eindruck, als lege er ein Stück seiner Geduld in mein Herz. Ich hätte doppelt soviel Kinder und doppelt soviel Unaufmerksamkeit ertragen können, ohne mich aufzuregen. Seitdem habe ich diese Methode immer wieder angewandt. Wenn ich stolz werde, dann bete ich: ‚Deine Demut, Herr!' Wenn ich ungeduldig werde, bete ich: ‚Deine Geduld, Herr!' So sind die Versuchungen für mich etwas Positives geworden, weil ich durch sie Gnade empfange."

An diesem Punkt endete unsere Unterhaltung, weil keiner etwas Besseres zu sagen in der Lage war. Als wir uns am nächsten Morgen wieder trafen, beschlossen Wilberforce und ich, daß wir die Erfahrung des alten Geistlichen selber ausprobieren wollten. Gerade die Versuchungen wollten wir nutzen, um die Kraft des auferstandenen Herrn für uns zu beanspruchen. Der Geist Gottes läßt uns zu Überwindern werden, indem er uns gerade an den Punkten unserer Schwächen besonders stärkt.

Oft wird das Leben mit Gott mit dem Leben in der Ehe verglichen. Ich will diesen Gedanken etwas fortführen. Wenn eine Frau wegen der Grausamkeiten oder wegen der Untreue ihres Ehemannes geschieden wurde und dann einen Mann mit reinem und edlem Charakter heiratet, so wird sie keine Lust mehr haben, zu ihrem früheren Mann zurückzukehren. Aber sie wird ihn auch nicht mehr fürchten. Ihr Herz und ihr Leben sind so ausgeglichen, daß es sie vielleicht schaudert, sollte sie ihn auf der Straße treffen, jedoch wird sie gleichzeitig wissen, daß sie in Sicherheit ist, und sich noch fester an den Mann ihrer Wahl hängen.

Genauso geht es auch uns als Christen. Wir sind nicht nur mit dem Heiland der Menschen verbunden, der von den Toten auferstanden ist, nein, wir hängen uns um so mehr an ihn, desto mehr unser altes Ich wieder auftaucht.

Als die Frau des Tigarnes von Alexander dem Großen zurückkehrte, wurde sie gefragt, wie ihr all die Möbel und kostbaren Verzierungen im Haus des Herrschers gefallen hatten. Sie antwortete, sie habe nichts davon gesehen, sondern immer nur auf den Mann – ihren Ehemann – geschaut, der bereitwillig angeboten habe, getötet zu werden, damit sie verschont bliebe.

Hätten wir doch mehr von dieser Liebe! So viel, daß die leiseste Andeutung von Selbstsucht, Selbstlob oder Selbstmitleid von unserer Liebe zu Jesus weggewischt würde.

Als Odysseus auf seiner Irrfahrt die Inseln der Sirenen, deren betörenden Lieder die Seeleute auf die grausamen Felsen lockten, passierte, mußte er seine Seeleute und Ruderer an ihre Sitze fesseln. Als Orpheus später an den Inseln der Sirenen vorüberkam, brauchte er keine Stricke oder Seile. Seine Musik war noch schöner als die der Sirenen.

Genauso ist Jesu Geist in uns stärker als der Geist der Sünde.

Die Liebe kann uns völlig verändern. Ich kenne die Geschichte eines jungen Mädchens, das an der Universität von Edinburgh studierte und keinen Hehl aus ihrer Abneigung gegen Mathematik machte. Ihre Einstellung änderte sich völlig, als sie sich in den besten Mathematiker der Universität verliebte und er diese Liebe erwiderte. So möge die Liebe Jesu uns alle verändern und die Fesseln unseres eigenen Ichs zerreißen.

Es ist gut, sich als der Sünde gestorben zu betrachten.

Es ist gut, sich immer wieder auf die übergroße Machtfülle des Heilands zu verlassen.

Es ist aber am besten, wenn wir uns in der überwindenden Liebe Jesu Christi verlieren.

Graf Zinzendorf sagte einmal von sich, er habe nur eine einzige Leidenschaft: die Liebe Christi!

DIENST

Allgütiger Gott! Lehre mich, deinen Willen zu tun! Zeige mir deinen Weg klar und deutlich! Hilf mir, geduldig den Weg zu gehen, den du mir gezeigt hast, damit dein Plan erfüllt wird. Ich will, daß du verherrlicht wirst auf dieser Welt, unabhängig davon, wie die Folgen für mich aussehen.

Und er mußte durch Samaria ziehen.
(Johannes 4,4)

Gott ist bereit, die Führung in jedem Menschenleben zu übernehmen, das ihm anvertraut wird. Gerade deshalb ist die Frage der Führung für jeden einzelnen Christen so wichtig. Gott hat mit jedem Menschen einen Plan und ein bestimmtes Ziel. Damit wir dieses Ziel erreichen können, stattet er uns mit Gaben und Fähigkeiten aus. Diese Aussage trifft nicht nur auf uns zu, sie galt auch für den Sohn Gottes. Er hat selbst von sich gesagt: „Ich bin dazu geboren und dazu in die Welt gekommen, um für die Wahrheit Zeugnis abzulegen" (Johannes 18,37).

Wir werden am Ende unseres Lebens vor dem

Richterstuhl Christi stehen und Rechenschaft über die Dinge ablegen müssen, die wir getan haben, seien sie gut oder schlecht. Das griechische Wort, das in Epheser 2,10 mit „Gebilde" übersetzt ist, heißt auch „Gedicht". Wir können den Vers also auch folgendermaßen übertragen: „Wir sind sein Gedicht, geschaffen in Christus Jesus zu guten Werken, die Gott im voraus bereitgestellt hat, damit wir darin wandeln."

Nichts kann uns in unserem Leben mehr Vertrauen geben, als das Wissen, daß Gott nicht nur einen Plan mit uns hat, sondern uns auch die Fähigkeiten gibt, diesen Plan zu verwirklichen. „Gott aber hat die Macht, jedwede Gnadengabe euch in Fülle zuzuwenden, auf daß ihr in allem allezeit alles zur Genüge habt und dazu noch Überfluß zu guten Werken" (2. Korinther 9,8). Gott wird nicht nur den Säemann mit Saat versorgen, er zeichnet auch für das Wachstum verantwortlich.

An einem Samstagnachmittag bereitete Dr. Gunsaulus aus Chicago seine Predigt vor. Während dieser Vorbereitung kam sein Neffe, ein oberflächlicher, sorgloser Bursche, herein und fragte, über welchen Text der Onkel denn predigen würde. Dieser las ihm den Vers aus Johannes 18,37 vor. Darauf sagte der Neffe:

„Was meinst du denn, wozu ich geboren wurde?"

„Ich weiß es nicht", erwiderte der Onkel.

„Ich weiß es auch nicht", gab der Neffe daraufhin zu.

Wenig später verließ der junge Mann das Haus,

um in die Innenstadt zu gehen. Auf seinem Weg kam er an einem Theater vorbei, in dem gerade ein Feuer ausgebrochen war. Die Menschen drängelten zum Ausgang, eine Panik entstand, viele kamen bei dem wilden Ansturm auf die Tür zu Fall, manche wurden erdrückt oder zu Tode getreten. Ohne zu zögern warf der junge Bursche seinen Mantel weg und begann, aus dem Menschenknäuel einen Körper nach dem anderen herauszuziehen. Manche waren schon tot, andere lagen im Sterben. Schließlich wurde der junge Mann selbst von einem herabstürzenden, brennenden Balken getroffen und halb bewußtlos in ein Krankenhaus eingeliefert.

Als Dr. Gunsaulus an das Bett seines Neffen trat, sagte dieser: „Onkel, aus diesem Grund bin ich auf die Welt gekommen: nur um zehn Menschen das Leben zu retten."

Sicherlich ist es schlimm, eine solche Tragödie miterleben zu müssen. Aber welch eine Genugtuung war es für den jungen Mann, am Ende zu spüren, daß er seinen Lebenszweck erfüllt und Christi Namen verherrlicht hatte.

Der Weg durch Samaria

Der Evangelist Johannes berichtet uns, daß Jesus durch Samaria ziehen mußte. Wegen der Anfeindungen zwischen Samaritern und Juden aus Galiläa wählten letztere gewöhnlich den längeren Weg über die Ostseite des Jordans, wenn sie nach Jerusalem wollten. Nun heißt es in dem Vers aber, daß

Jesus gerade den Weg durch das Gebiet der Samariter ziehen *mußte*. Es hat also für ihn einen drängenden Grund gegeben, den zwar kürzeren, aber auch unbequemeren Weg zu nehmen.

Die Evangelien berichten immer wieder davon, daß Jesus während seines Erdenlebens ständig im Einklang mit dem Vater handelte, sich jederzeit von ihm führen und leiten ließ. Er war zwar eins mit dem Vater und dem Geist, aber er bediente sich seiner Machtfülle nicht. Nur so konnte er für uns der Schöpfer und Vollender unseres Glaubens werden. Nur dadurch, daß er auch unsere Not, unsere Schmerzen und Traurigkeiten ertrug.

Wie ein Vater, der seine rechte Hand auf dem Rücken festbindet, um seinem Sohn, dem ein Arm amputiert werden mußte, ein Beispiel zu sein, nahm Jesus unsere Beschränkungen auf sich. Er hätte sie jederzeit wieder ablegen können, tat es aber bis zum Ende nicht und ist uns gerade deswegen ein so großes Beispiel.

Im Orient war es früher nicht üblich, den Sklaven Befehle zu erteilen. Vielmehr lasen diese ihren Herren die Wünsche von den Augen ab und achteten immer – wie es der Psalmist sagt – auf die Hände ihres Herrn. Deswegen sagt wohl auch Jesus von sich in Johannes 5,19 und beschreibt damit seine Stellung zum Vater: „Der Sohn kann von sich aus nichts tun, außer was er den Vater tun sieht."

Es gibt drei Möglichkeiten, ein Leben zu planen: Wir können uns von unseren Sinnen leiten lassen und danach leben, was wir mögen und was nicht. Oder wir entscheiden uns nach unserem eigenen Willen. Am besten aber ist es, wenn wir uns wie unser Herr durch ein beständiges Warten auf die Zeichen Gottes leiten lassen. Die Leitung Gottes äußert sich als volltönende Glocke in der Tiefe unseres Herzens und wird durch äußere Umstände und durch das Ergebnis unseres Handelns bestätigt.

Gott sorgt auch für die Erfüllung seiner Pläne

An einem Sonntagmorgen saß ich auf der Terrasse des Hauses von Dwight L. Moody und blickte auf den Connecticut hinunter. Wir sprachen über die Methoden Gottes, und er erinnerte dabei an eine Predigt von Andrew Bonar über einen Satz, der fünfmal in der Bibel vorkommt: „Und sieh zu, daß du alles machst nach dem Bilde, das dir auf dem Berg gezeigt wurde." Dr. Bonar beschrieb die Stiftshütte und wie Mose mit Gott durch jeden einzelnen Teil dieses himmlischen Bauplans ging und dabei seine jeweilige Bedeutung erfuhr. Mose sah den Opferaltar, die Waschschüssel, den Räucheraltar und all die anderen Teile des Heiligtums.

Als er dann wieder zum Volk zurückkehrte, durfte er feststellen, daß es für jedes einzelne Teil, das er in seiner Vision gesehen hatte, eine Entsprechung unter den Geschenken des Volkes gab. Dies sollte eine nützliche Lektion auch für uns sein. Wir müssen nicht bei einem Auftrag, den wir von Gott erhalten, zu verschiedenen Leuten laufen und um Hilfe bitten. Viel wichtiger ist es, daß wir sicher werden, in Gottes Sinne zu handeln. Er wird uns dann mit allen notwendigen Mitteln gemäß seiner unermeßlichen Reichtümer durch Jesus Christus ausstatten. Niemand, der ein Leben lebt, um Gott zu dienen, wird sich jemals dessen schämen müssen. „Kein Ohr hat gehört, kein Auge gesehen einen Gott außer dir, der so wohl tut denen, die auf ihn harren" (Jesaja 64,3).

Der Grund für die dem Herrn befohlene Reise

Als an dem Morgen, an dem Jesus durch Samaria zog, in Sichar eine Frau aufwachte, konnte sie noch nicht wissen, welch einschneidende Veränderung ihr dieser Tag bringen würde. Sie hatte nicht die leiseste Ahnung davon, daß dieser Tag der Beginn einer Revolution in ihrem Leben und dem Leben ihres Volkes sein würde. Die Ereignisse, die wenige Stunden später abliefen, ließen sie in die Geschichte eingehen. Die Überlieferung berichtet davon, die Frau sei später den Märtyrertod gestorben; ein Weg, der an diesem Tag seinen Anfang nahm.

Von Natur aus war diese Frau äußerst leidenschaftlich. Aber jetzt war sie krank und müde geworden, weil sie immer wieder versucht hatte, ihre Bedürfnisse mit verbotener Liebe zu befriedigen. Aber jeder Mann, dem sie sich hingegeben hatte, hatte sie auch enttäuscht. Fünf Ehemänner waren gekommen und gegangen. Zur Zeit lebte sie mit einem weiteren zusammen. Aber sie hatte aufgehört, irgendeine Art von Liebe für möglich zu halten.

40

Der Frühling ihres Lebens war längst dem Herbst gewichen. Sie sah in sich nicht die Fähigkeiten, die nur auf die Berührung durch Jesus warteten, um für die Welt und den Dienst an ihr freigesetzt zu werden. Vielmehr war sie einsam. Die anderen Frauen aus Sichar duldeten sie nicht an der Quelle, die neben der großen Straße nach Jerusalem lag. Sie war ausgestoßen und geächtet, so daß sie ihren Krug während der heißen Mittagszeit an der Quelle füllen mußte, anstatt wie die anderen auf die Kühle des Abends zu warten.

Trotzdem glaubte sie! Sie glaubte, daß Jakob in Sichtweite der umliegenden Berge gelebt und an der gleichen Stelle getrunken hatte. Sie glaubte an den Gott Abrahams, Isaaks und Jakobs. Aber sie erwartete keine Veränderung dieser Religion der Vergangenheit. Viele Diskussionen hatte sie miterlebt, in denen darüber gestritten wurde, welcher Tempel der richtige sei: Jerusalem oder Gerisim. Sie persönlich hielt die Argumente für den letzteren für überzeugend. Wie viele andere, so glaubte auch sie, daß eines Tages der lang ersehnte Messias kommen würde. In der Hoffnung auf ihn lebte sie einsam und mit gebrochenem Herzen.

Aber diese Frau hatte große Fähigkeiten – zum Guten und leider auch zum Bösen. Sie war in der Lage, ihre ganze Stadt zu Gott zu bringen! Das Herz, das sich doch schon dem Bösen zugewandt hatte, begann sofort mitzuschwingen, als es von der reinen und heiligen Liebe Jesu angerührt wurde. Ist es nicht wunderbar, daß Jesus durch Samaria ziehen *mußte*? Seine Ankunft an dem Brunnen lag zeitlich so, daß er mit der Frau allein sein konnte, während die Jünger in der Stadt nach einer Mittagsmahlzeit suchten. Keiner konnte also der Unterhaltung zwischen Jesus und der Frau zuhören und sie stören. Der Zeitpunkt dieser Begegnung war schon in der Ewigkeit festgesetzt, und es war gut, daß Jesus dem Befehl Gottes gehorchte.

An dieser kurzen Episode zeigt sich, wie wichtig es ist, eine von Gott auferlegte Pflicht zu erfüllen. Im Bereich unseres Dienstes gibt es ein Muß! So wie bei Petrus, der das Haus des Cornelius betreten mußte, obwohl er als strenggläubiger Jude noch nie das Haus eines Heiden betreten hatte. So wie bei Philippus, der die Erweckung in Samaria verlassen mußte, um an einer einsamen Straße die Ankunft einer bestimmten Kutsche zu erwarten. Auch Paulus mußte Galatien rechts und Ephesus links liegenlassen, um sich geradewegs nach Philippi zu begeben. Genauso muß jeder Mensch seine Schritte vom Herrn ausrichten lassen.

Die Frau am Jakobsbrunnen hielt ihren Glauben für einen Krug, mit dem sie das notwendige Wasser aus dem Brunnen religiöser Bräuche schöpfen konnte. Aber unser Herr lehrte sie, daß der wahre Glaube das Aufbrechen einer ständig sprudelnden Quelle bedeutet.

Voraussetzung für dieses Aufbrechen ist die Beseitigung jeder Sünde. „Geh, hole deinen Mann!" forderte Jesus die Frau auf. Sie konnte sich und ihre Sünden nicht mehr vor Jesus verstecken. Alles lag offen vor ihm. Ohne unsere Offenheit wird unsere Lebensquelle niemals sprudeln.

Ich habe einmal erlebt, wie die gesamte Wasserversorgung eines Colleges zusammengebrochen ist. Ursache dafür war ein Frosch, der sich schon als Kaulquappe zwischen Hausanschluß und Hauptwasserleitung eingenistet hatte. Durch das Wasser ausreichend ernährt, wuchs er heran, bis er den Durchfluß blockierte! Wenn irgend etwas Falsches oder Fragwürdiges sich in deinem Herzen eingenistet hat, dann beseitige es, damit die Quelle des Lebens wieder sprudelt!

Von Grellet, einem Quäker-Prediger, wird berichtet, daß er sich geführt glaubte, an einer bestimmten Stelle in den kanadischen Urwäldern den Holzfällern zu predigen. Als er dort ankam, war kein Mensch zu sehen. Trotzdem hielt Grellet seine Predigt, als stünde er vor einer großen Menschenmenge, und kehrte schließlich verwundert nach Hause zurück. Acht Jahre später wurde er auf der London Bridge von einem Mann angesprochen, der ihn schon seit langer Zeit gesucht hatte. Dieser Mann erzählte, er sei Vorarbeiter einer Holzfällerkolonne gewesen, die weit in den Wald hineingezogen sei. Da sie Werkzeuge zurückgelassen hatten, war er wieder zurückgekehrt, um es zu holen. Während er noch suchte, habe er dann die Predigt gehört, die schließlich zu seiner Bekehrung geführt habe. Als er seinen Kameraden von dem Erlebnis berichtete, bekehrten auch diese sich alle. Die bedingungslose Ausführung eines so nutzlos anmutenden Auftrages hatte dieses Ergebnis ermöglicht. Gott helfe uns, ebenso gehorsam zu sein!

Ohne sich noch um ihren Wasserkrug zu kümmern, rannte die Frau nach ihrer Begegnung mit
Jesus in die Stadt Sichar zurück. Wir können uns
wohl kaum vorstellen, wie groß ihre neugefunde-
ne Freude gewesen sein muß! Sie, die immer nur
die Zielscheibe des Spotts gewesen war, wurde
nun zur Evangelistin. Wem das Herz voll ist, dem
geht der Mund über! Genauso erging es ihr! Sie
war eins geworden mit Christus, indem sie ihre
Sünde abgelegt hatte. Nun war ihr Herz erfüllt mit
einer Liebe, die sich danach sehnte, weitergege-
ben zu werden. Mit dem Wasser der Quelle, die in
ihr aufgebrochen war, begann sie den Durst der
anderen Menschen zu stillen.

In einem großen Bergbaugebiet in Wales begann während der Erweckungszeit ein Abendgot-
tesdienst eine Stunde früher als geplant. Die Kirche war völlig überfüllt. Einige beteten, andere
berichteten von ihren Erlebnissen, viele sangen
Lieder oder zitierten Texte aus der Bibel. Inmitten
dieser Unruhe kam Evan Roberts herein, ging an
seinem Stuhl neben der Kanzel vorbei und kniete
eine Zeitlang in stillem Gebet vor dem Altar. Er
spürte, daß die ganze Versammlung mehr von Ge-
fühlen als von der Liebe und Kraft Gottes bewegt
war. So erhob er sich, brachte die Versammlung
zum Schweigen und ließ alle eine halbe Stunde
lang unter dem Einfluß des Heiligen Geistes still
werden. Nach dieser Zeit erhob sich einer der
größten Minenbesitzer der Gegend von seinem

Stuhl, ging auf einen anderen Minenbesitzer zu und reichte diesem die Hand. Die Männer, beide gläubige Christen, hatten seit Jahren im Streit gelegen und versöhnten sich nun.

Von diesem Moment an änderte sich die Atmosphäre des Gottesdienstes. Golgatha stand nun im Zentrum, und die Kraft, die wirksam wurde, war die von Pfingsten. Sehr viele Menschen wurden an diesem Tag in das Reich Gottes aufgenommen, alle spürten die überwindende Gegenwart des Heilands. Man muß mit Gott ins reine kommen, wenn das lebendige Wasser fließen soll.

Öffne dich dem Geist Gottes! Laß die Quelle fließen, zuerst in der Anbetung und dann durch die Liebe. Liebe, die keinen eigenen Willen kennt, keinen Zorn hegt und der harten Spitze der Kritik sanfte Nachsicht entgegensetzt.

Der große Prediger C.H. Spurgeon hatte die Gewohnheit, wenn er vor einer großen Zuhörerschaft sprechen sollte, die „Stimmung" des Ortes zu erforschen. Nach seiner Meinung hat jeder Ort eine besondere „Stimmung". Wenn es ihm gelang, im Einklang mit dieser Stimmung zu sprechen, dann konnte er ohne Anstrengung reden. Die Stimmung, die durch das ganze Universum klingt, ist die Liebe Gottes. Sie ist die Tonart, in der die Harfen der Engel gestimmt sind. Ihre Töne schwingen bis auf die Erde, und jede Seele, die sich wie die Frau am Jakobsbrunnen Jesus öffnet, kann sie hören.

Laßt uns lieben, denn die Liebe ist von Gott, und die in der Liebe bleiben, bleiben in Gott!

ANBETUNG IM GEIST

Gütiger Heiland, der du jedem Mitglied deiner er-
lösten Kirche die Gabe von Pfingsten versprochen
hast, hilf mir, auf dich als die Kraft und Bestäti-
gung meines Zeugnisses zu zählen. Ich will im
Geist wandeln, im Geist beten und im Geist Zeugnis geben! So werden ich und die, denen ich diene,
in der Gnade, im Wissen und in der Liebe Gottes
wachsen!

*Gott ist Geist, und die ihn anbeten, müssen ihn im
Geist und in der Wahrheit anbeten.*
(Johannes 4,24)

Weil es so ungeheuer wichtig ist, wiederhole ich,
was ich bereits im ersten Kapitel gesagt habe. Es
steht in Verbindung mit dem Thema dieses Ab-
schnitts. Die Seele, die das Zentrum unseres Wesens ist, kann in zwei Welten hineinwirken: Sie
kann aufsteigen und sich mit dem Ewigen und Unsichtbaren verbinden, sie kann aber auch hinabsteigen und sich durch den Körper mit der Erde
verbinden.

Die Seele bin ich, bist du oder irgendein anderer. Die Fähigkeit zu denken, Gefühle zu haben, Urteilsvermögen, Begabung, Geschäftstüchtigkeit, die Liebe für alles Schöne – alles hat seinen Sitz in der Seele. Diese Seele, in der so viele Fähigkeiten liegen und entwickelt werden, kann nun über die Treppe der Sinne hinabsteigen zu Materialismus, Selbstmitleid und Hölle. Sie kann aber auch die Stufen der Leiter erklimmen, die Jakob im Traum gesehen hat und auf der die Engel in den Himmel stiegen. Doch vielen steht wie Esau die Verlockung eines Linsengerichts im Wege.

Paulus sagt indirekt in 1. Korinther 2,14+15, daß die meisten Menschen nie über die natürliche und seelische Ebene hinauskommen. Wie der erste Adam nach dem Sündenfall sind sie lebendige Seelen, aber sie wissen nichts von dem letzten Adam, der ein lebenspendender Geist ist. Sie leben ihr irdisches Leben und sterben, ohne durch den Gehorsam im Glauben die Vereinigung mit dem himmlischen Menschen, dem Herrn Jesus, erreicht zu haben. Sie sind wie Kerzen, die man nicht anzündet. Das Innere ihres Wesens ist nie von der Herrlichkeit Gottes erleuchtet worden.

Erst wenn die Seele sich Gott zuwendet, wird dieser Zustand geändert. Dann werden wir in eine ganz neue Welt hineingeboren und werden uns des Unsichtbaren und Ewigen bewußt. Dann erst sind unsere geistlichen Sinne fähig, Gut und Böse zu unterscheiden, wie unsere körperlichen Sinne Hell und Dunkel, Süß und Bitter unterscheiden können. Die Herrlichkeit Gottes erscheint uns, der König besteigt den Thron!

Durch den Glauben an Jesus Christus werden wir in die Familie der Erstgeborenen aufgenommen, deren Namen in dem Himmel angeschrieben sind.

Wie eine ausgestreckte Hand zwei Seiten hat, eine zeigt zum Himmel und die andere zur Erde, so hat auch der Eintritt in das gesegnete Leben zwei Aspekte. Einerseits sind wir von oben geboren, andererseits vertrauen wir Jesus. Zwei Aspekte des gleichen Geschehens. Wenn du Jesus vertraust, dann bist du von oben geboren. Und wenn du von oben geboren bist, dann vertraust du Jesus.

Wenn der menschliche Geist so ins Leben gerufen wird, dann beginnt die Seele, Gott im Geist und in der Wahrheit anzubeten. Dies sagte Jesus zum Schluß noch der Frau am Jakobsbrunnen.

Beten wir genug an?

Unser Heiland hat uns gesagt, daß der Vater solche Menschen sucht, die ihn anbeten. Uns stellt sich nun die Frage, ob Gott tatsächlich Lobpreis und Anbetung von uns hört. Meist hört er doch unsere wortreichen Bitten, die wir schon seit Jahren immer wieder äußern! Er hört unser Eintreten für andere, das doch nur Ausdruck unserer menschlichen Zuneigung ist! Aber hört er auch Anbetung und Lobpreis aus unserem Herzen hervorbrechen? Hört er, wie wir an dem gemeinsamen Lobgesang teilnehmen, den das ganze, nicht gefallene Universum singt?

Laßt uns unsere Herzen zum Lobpreis anregen, indem wir wie Jesaja den Seraphinen zuhören: „Heilig, heilig, heilig ist der Herr Zebaoth, alle Lande sind seiner Ehre voll." Oder indem wir der Mutter unseres Heilands zuhören: „Meine Seele erhebt den Herrn, und mein Geist freuet sich Gottes, meines Heilandes."

Um unsere trägen Seelen zum Lobpreis anzuregen, können wir laut Psalmen beten oder auch eines der großartigen Kirchenlieder aufsagen. Aber am besten ist es, wenn unsere Seele ihre Dankbarkeit und Liebe in eigenen Worten ausdrückt: „Wir sagen dir Dank dafür, daß du uns erschaffen hast und uns erhältst. Wir danken dir für all die guten Dinge in unserem Leben, am meisten aber für die Erlösung unserer Welt durch den Herrn Jesus Christus. Danke, daß wir in eine ewige Verbindung zu dir aufgenommen sind."

Um einen Geist der Anbetung zu haben, brauchen wir die Gegenwart und Kraft des Heiligen Geistes, der unseren Geist mit seiner lebenspendenden Energie belebt.

Wir müssen keine Zeit mit der Frage vergeuden, ob der Heilige Geist tatsächlich eins ist mit dem Vater und dem Sohn in der Dreieinigkeit. Seine Identität wird in Johannes 16,8+13 und in Apostelgeschichte 15,28 belegt. Er war von Anbeginn der Welt (1. Mose 1,2). Durch seine Inspiration schrieben heilige Männer der Vergangenheit die Bücher der Bibel auf (2. Petrus 1,21). Unter seinem mächtigen Einfluß kämpften und predigten die großen Männer der Vergangenheit. Aber der Mehrheit dieser Männer wurde das ganze Geheimnis von Pfingsten nicht enthüllt. Zwar hatte Joel eine Zeit vorausgesehen, in der der Geist auf alles Fleisch ausgegossen würde, und er wußte auch, daß dann Jünglinge Visionen haben und Männer träumen würden. Aber die wahre Bedeutung von Pfingsten, daß nämlich die Gaben all der großen Gottesmänner allen Menschen zur Verfügung stehen sollten, die sich bekehrten, verstand er nicht. Und dieses Geschenk Gottes steht nicht nur wie im alten Bund den Juden zur Verfügung, sondern allen Menschen, die mit Gott durch einen lebendigen Glauben verbunden sind. Die Abschiedsreden Jesu belegen eindeutig, daß nach seinem Willen der gesamte Leib die Salbung erhalten sollte, die er selbst bei der Taufe erhalten hatte. Das Öl, das auf sein Haupt gegossen wurde, sollte auch uns salben, die wir nichts sind als der Saum seines Gewandes.

Der Weg zur Auferstehung Christi

Als unser Herr durch die Wolke den Blicken seiner Jünger entzogen worden war, fuhr er zum Himmel auf, ohne daß ihn irgendeine Macht dieser Welt hätte zurückhalten können. Wie in den Triumphzügen der römischen Feldherren feindliche Fürsten mitgeführt wurden, so müssen wir uns Tod, Grab und die Herrscher und Gewalten der Finsternis bei der Rückkehr unseres Herrn in den Himmel vorstellen. „Er hat die Mächte und Gewalten entwaffnet, sie öffentlich an den Pranger

gestellt und sie im Triumph umhergeführt in ihm"
(Kolosser 2,15).

Hier paßt das Bild, das uns der Psalmist in Psalm
68 gezeichnet hat und das der Apostel Paulus in
Epheser 4,8 wieder aufnahm. Die Wagen Gottes
kommen herbei, um den heimkehrenden König
willkommen zu heißen. Sie begleiten ihn auf seinem Triumphzug in die Himmelsstadt. Wir hören
die Aufforderung der vordersten Reihen: „Ma-
chet die Tore weit und die Türen hoch, daß der
König der Ehre einziehe!" Und auf die Frage:
„Wer ist der König der Ehre?" antwortet die Menge der frohlockenden Engel und jubelnden Heiligen: „Es ist der Herr, stark und mächtig, der Herr
mächtig im Streit!"

Dann öffnen sie die Himmelstore weit für den,
der die Merkmale der menschlichen Natur an sich
trägt: für den Menschen Jesus Christus. Aber auf
seiner Rüstung und auf seinem Gürtel steht sein
wahrer Name geschrieben: „Herr der Herren und
König aller Könige." Unser Heiland hat uns versprochen, daß er den himmlischen Vater bitten
wird, uns Menschen einen Tröster zu geben, der
immer bei uns bleibt, „nämlich den Geist der
Wahrheit ... der ausgeht vom Vater." Es ist so, als
fragte ihn der Vater beim Betreten der Schatz-
kammer, welche Belohnung er für seinen Gehorsam bis zum Kreuz wünsche, und unser Herr dann
antwortete: „Vater, ich bitte nichts für mich! Aber
schenk doch, daß ich durch meine göttlich-
menschliche Natur zu einem Verbindungskanal
für meine Gemeinde werden kann, durch den der

52

Geist, der mich zu meinem Dienst gesalbt hat, meinen Nachfolgern auf der Erde gegeben wird, so daß sie alle eins werden wie wir."

Die Gabe des aufgefahrenen Herrn

Petrus sagt uns in seiner Pfingstpredigt, daß Jesus, nachdem er zur Rechten Gottes erhöht worden war, vom Vater die ganze Fülle des Heiligen Geistes empfing, die er seit Ewigkeiten gehabt hatte. Und nun gießt unser Herr diese ganze Fülle auf seine wartende Gemeinde aus. Der Apostel war sich der Wichtigkeit seiner Aussage so sehr bewußt – wahrscheinlich hatte der Meister den Jüngern diesen Vorgang auch genau erklärt –, daß er sogar noch einen Schritt weiter ging und ankündigte, daß diese Gabe nicht nur für die Juden, sondern auch für die Heiden bestimmt sei.

Jedem von uns ist ein Teil dieser Gabe zugedacht. Aber nicht nur ein begrenztes Maß! Nein, der Vater will unseren Becher überlaufen lassen. Ob wir dieses überreiche Maß auch in Anspruch nehmen oder nicht, ist eine andere Sache. Viele sind mit ihrem Anteil an Golgatha zufrieden und kommen nie dazu, ihren Anteil an der Gabe von Pfingsten zu beanspruchen. Sie sind zufrieden mit dem bronzenen Altar und mit dem Waschgefäß, sie betreten jedoch nie das Allerheiligste.

Erst wenn wir unseren Anteil an der Gabe von Pfingsten beansprucht und erhalten haben, können wir das ganze Ausmaß dessen erkennen, was unser Herr der Frau am Jakobsbrunnen im Blick auf die Anbetung gezeigt hat. Erst wenn wir im Geist leben und im Geist wandeln, bekommen wir das Bewußtsein der Kindschaft und die Kraft des Dienstes, die die Söhne und Töchter, die Zeugen und Diener am Evangelium auszeichnet.

Es gibt ein glückliches Land, das nicht etwa weit entfernt liegt, das nicht erst nach dem Tod existiert, sondern hier und jetzt. Bunyan nennt es „das Land Beulah". Dort leuchtet Gottes Herrlichkeit ewig, die Wasser trocknen nie aus noch werden sie schal; die Blumen blühen in einem immerwährenden Frühling. Die dort leben, brauchen keine Kerze, weder das Licht der Sonne noch den Schein des Mondes. Denn der Herr ist ein ewiges Licht und die Tage des Klagens sind beendet. Dort sagt Gott auch zu uns: „Steht auf, durchzieht das Land in der Länge und in der Breite, denn ich will es euch geben."

Dort treffen wir die Heiligen jedes Zeitalters! Dort wischt Gott alle Tränen ab! Dort bekommen wir einen Vorgeschmack darauf, wie es sein wird, wenn die Erde, die Zeit und die verblassenden Trugbilder der Gegenwart wie ein Traum vergangen sein werden und Platz gemacht haben für einen neuen Himmel und eine neue Erde, die aus der Qual der gegenwärtigen geboren werden. Wir werden keinen Grund haben, enttäuscht zu sein, und Gott wird sich nicht schämen, wenn wir diese Stadt sehen, die er uns jenseits der Sturmwolken der letzten schwarzen Nacht der Zeit bereitet hat. Von all diesem bekommen wir einen Vorgeschmack wie Johannes, als er auf der Insel Patmos die Vision der Apokalypse erhielt.

Es ist nicht verwunderlich, daß die Frau am Jakobsbrunnen ihren Wasserkrug zurückließ und so schnell wie möglich zur Stadt lief! Wenn wir den Heiligen Geist wie eine Quelle in unseren Herzen haben, brauchen wir keinen Wasserkrug mehr! Es stimmt, Paulus! Du hattest recht, als du sagtest, daß kein Auge je gesehen, kein Ohr je gehört und kein Menschenherz je die Dinge erkannt hat, die Gott denen bereitet, die ihn lieben. Aber er hat sie durch seinen Geist offenbart!

Zwei Warnungen

1. Wir müssen es vermeiden, den Heiligen Geist in einer Bewegung zur Hauptfigur zu erklären, egal wie ernsthaft und wohlmeinend die Fürsprecher auch sein mögen. Mit Sicherheit ist es völlig falsch, irgendein Erlebnis mit dem Geist zum Zweck und Ziel einer religiösen Bewegung zu machen. In der gegenwärtigen Trübsal ist es das einzige Ziel des uns gesandten Trösters, unseren Heiland zu verherrlichen. Der Geist wird sicher von jedem noch so gut gemeinten Versuch Abstand nehmen, auch nur einen Gedanken von dem abzulenken, der das A und das O unseres Glaubens sein und bleiben muß.

2. Eine kürzlich entstandene Bewegung (gemeint ist die Entstehung der Pfingstbewegung am Anfang unseres Jahrhunderts – der Herausgeber) hat mancherorts zu Exzessen geführt. Zu selten beachteten deren Fürsprecher die folgenden Prin-

zipien, die der Apostel Paulus in 1. Korinther 14 aufgeschrieben hat:

– Diejenigen, die in Zungen sprechen, müssen das Ziel verfolgen, nur den Ruhm Jesu zu suchen und zur Erbauung der Gemeinde und zur Überzeugung der Ungläubigen beizutragen.

– Sie müssen sich, bevor sie ihre Botschaft äußern, vergewissern, ob ein Ausleger anwesend ist.

– Sie müssen ihr eigenes Zeugnis für sich behalten und schweigen, wenn schon drei andere gesprochen haben.

– Die Frauen dürfen nicht in der Versammlung sprechen, sondern müssen warten, bis sie zu Hause sind. Es ist für Frauen eine Schande, in der Gemeinde zu sprechen. Dies besagt aber nicht, daß sie nicht in evangelistischen Versammlungen sprechen dürfen.

Was immer die Gemeinde spaltet, trägt die Züge des Satans! Liebe muß den Leib Christi regieren!

PFINGSTEN

Gütigster Herr! Du wurdest vom Heiligen Geist zu
deinem Dienst gesalbt. So handle doch auch an
mir und deiner ganzen Gemeinde, damit wir die
Salbung von Gott empfangen und deine Zeugen
sein können.

*Hier geht die Weissagung des Propheten Joel in Er-
füllung.*
(Apostelgeschichte 2,16)

Wir brauchen uns nicht damit aufzuhalten, die
Person des Heiligen Geistes zu beweisen. Stünde
sie in Frage, dann könnte uns die Wortwahl des
Rundschreibens eine Antwort geben, das vom
Apostelkonzil an die Gemeinden geschickt wurde,
die auf Leitung warteten. Der Brief enthält die
schwerwiegenden und bedeutungsvollen Worte:
„Denn es hat dem Heiligen Geist und uns gefallen …" Offensichtlich läßt sich diese Schriftstelle
so interpretieren, daß der Heilige Geist und die
Apostel völlig eins waren. Er kam als der handeln-
de Vertreter Christi, als der Erhalter der Wahrheit
und als der Lebensspender. Der Tag von Pfingsten
ist gewissermaßen sein Geburtstag. Seine Aufga-
be war und ist es, die Kirche zu gründen als Leib

Christi, sie zu lenken und zu führen, ihr diejenigen hinzuzutun, die gerettet werden, und ihr Dinge zu offenbaren, die kein Auge gesehen und kein Ohr gehört hat.

Ich habe mich manchmal gefragt, ob nicht Barnabas von seinem Besitz auf einer Nachbarinsel Zyperns nach Jerusalem gekommen war, um in dem Haus seiner Schwestern, in dem vielleicht das letzte Abendmahl stattgefunden hatte, einige Tage zu verbringen. Maria ist schon bei Anbruch des Pfingsttages weggegangen, um sich mit den Jüngern zu versammeln. Ihr Bruder und dessen Neffe Markus saßen gerade bei der Morgenmahlzeit, als ein furchtbares Geräusch sie plötzlich aufschreckte. Sie hasteten aus dem Haus in der Annahme, daß ein schrecklicher Sturm die Stadt heimsuche. Aber zu ihrer Überraschung schwankte kein Baum, noch nicht einmal ein Blatt bewegte sich.

Obwohl das Geräusch sich wie ein heftiger Windstoß anhörte, konnte das offensichtlich nicht die Erklärung sein. Wir können uns weiter vorstellen, daß sich die beiden Männer der neugierigen Menge anschlossen, die die Stufen zum Tempel hinaufströmte, weil sie der Meinung war, das merkwürdige Geräusch würde mit einer göttlichen Erscheinung zusammenhängen.

Der Tempelhof war mit einer riesigen Menschenmenge völlig verstopft; mindestens 3000 Menschen drängten sich dort: Juden und Proselyten, Einwohner Jerusalems und Besucher aus allen Teilen des riesigen Römischen Reiches. Hier und dort standen kleinere Gruppen zusammen, die begierig Reden lauschten, die in ihren Landessprachen gehalten wurden. Schließlich gingen die kleineren Gruppen in einer großen Zuhörerschaft auf, die eine Erklärung des Leiters der wortführenden Männer erwartete. Diese Männer sahen auffallend glücklich aus, ihre Gesichter strahlten ein übernatürliches Licht wider.

Vielleicht hat Barnabas von einem der neben ihm stehenden Zuhörer eine Erklärung für das merkwürdige Geschehen erbeten. Dieser Mann mag ihm dann vielleicht geantwortet haben: „Du bist offensichtlich ein Fremder in dieser Stadt, sonst würdest du nicht so fragen. Was hier passiert, hat etwas mit einer Bewegung zu tun, die in den letzten drei Jahren die Aufmerksamkeit des ganzen Landes auf sich gezogen hat. Führer dieser Bewegung war ein gewisser Jesus von Nazareth. In ihm verband sich eine besondere Reinheit des Charakters mit einer außerordentlichen Wunderkraft. Er wurde zu einem Idol des Volkes, besonders in Galiläa. Aber er erregte auch den Neid der Herrschenden, so daß sie ihn vor sieben Wochen durch die römische Besatzungsmacht kreuzigen ließen. Das Ungewöhnliche ist nun, daß viele der Meinung sind, er sei wieder aus dem Grab auferstanden und kümmere sich immer noch um seine Nachfolger. Er versprach, Schritte zu unternehmen, die es ihnen ermöglichen sollten, sein Werk fortzuführen. Aber wenn du dem Redner da drüben zuhörst, wirst du alles aus erster Hand erfahren."

An dieser Stelle wird wahrscheinlich Markus

eingeflochten haben, was er über die Vorgeschichte des Petrus und über dessen enge Verbindung mit Jesus von Nazareth von seiner Mutter wußte.

Seit zehn Tagen hatten 120 treue Anhänger Jesu auf die Gabe der geistlichen Kraft gewartet, die ihr Herr versprochen hatte. „Nicht viele Tage", hatte der Herr gesagt, und die Erwartung war in ihnen lebendig geblieben. Um der Welt und um ihrer selbst willen hatten sie beharrlich die Erfüllung des Versprechens erbeten und sich beständig von jedem erdenklichen Hindernis für den Empfang befreit. Es ist möglich, daß sie gerade an diesem Tag, an dem der Priester im Tempel die ersten Brote der neuen Ernte als Opfer darbrachte, besonders erwartungsvoll waren. Und plötzlich sehen sie Flammen, die wie Zungen über den Köpfen jedes einzelnen Jüngers schweben, und sie werden alle mit dem Heiligen Geist in ähnlicher Weisc gesalbt.

Sie hatten das gleiche Erlebnis, das ihr göttlicher Führer bei seiner Taufe hatte. Von Anbeginn der Welt an hatte der Heilige Geist über dem Chaos geschwebt. Aber jetzt schuf er den Kern des Leibes Christi und legte den Grundstein für eine heilige Kirche.

Dieses Geschehen hatte der Prophet Joel schon vor Hunderten von Jahren vorhergesagt. Er prophezeite damals, daß Menschen am Ende der Zeit mit dem Geist Gottes erfüllt würden und große Wunder geschähen. Petrus sah und verkündigte in den Geschehnissen an Pfingsten die Erfüllung dieser Prophetie.

Falls Barnabas an diesem Tag tatsächlich im Tempelhof gewesen ist, dann war er bestimmt tief gerührt. Sein Name – „Sohn des Trostes" –, unter dem er später bekannt wurde, deutet auf einen einfühlsamen Charakter. So hat er sicher den warmen Fluß der Liebe gespürt, der die ganze Versammlung erreichte. So etwas hatte er noch nie erlebt! Hier war der Trost, den Gläubige in Christus finden, gegenwärtig. Die Gründung der Gemeinde Jesus Christi geschah vor seinen Augen.

So wurde das Versprechen des Heilands wahr, daß seine Jünger Kraft erhalten würden – die Kraft des Heiligen Geistes, der über sie kam.

Die heutige Situation

Voller Trauer bekennen wir heute, daß die Kraft der ersten Gemeinde bei uns nicht vorhanden ist. Die Kirche, die wir kennen, ist weit von ihrer Vorläuferin an Pfingsten entfernt. Jene war vereint, diese ist in unzählige Teile gespalten. Jene war voller triumphierender Freude, während diese Chöre an ihrer Stelle singen läßt. Jene machte sich wenig aus weltlichen Schätzen, diese sucht sie. Jene benutzte möglichst einfache Methoden, um Menschen für den Herrn zu gewinnen, diese bezahlt Leute, die die Arbeit der Evangelisation tun sollen. Jene war eine Gemeinschaft, in der es gegenseitige Hilfe gab, in dieser gibt es krasse Klassenunterschiede, die geduldet werden.

Den Unterschied zwischen damals und heute beschreibt nichts deutlicher als ein Satz aus der

Apostelgeschichte: „Der Herr aber tat täglich solche hinzu, die gerettet wurden." Heute bemühen sich die Gemeinden durch ein buntes Ritual, durch prominente Redner, durch zeitbezogene Ansprachen oder sogar durch Veranstaltungen, die den schalen Beigeschmack der Tanzböden haben, Menschen zu erreichen.

Als ich einmal in Colombo war, las ich einen Auszug aus einer buddhistischen Zeitung, in der der Korrespondent die Tricks beschrieb, die in den christlichen Ländern angewendet werden, um Menschen in die Kirche zu bekommen. Sicher, es gibt heute eine große Zahl von Ausnahmen, Kirchen, die noch voll sind, weil in ihnen das Evangelium von der Erlösung gepredigt wird. Aber in der Regel sind die Gemeinden leer und tot.

Kann etwas geschehen?

Petrus behauptete nicht, daß die Prophetie des Joel endgültig erfüllt sei. Er erkannte deutlich, daß die damalige Situation nur die erste Rate der Erfüllung war. Die Gabe des Heiligen Geistes ist nicht zurückgezogen worden. Und tatsächlich geschehen auch heute noch, wie zu jeder Zeit der Kirchengeschichte, Wunder in den Herzen von Sündern. Der Segensstrom Gottes fließt noch heute in voller Stärke, wenn sich auch die Kirche von den Ufern zurückgezogen hat und eine neue Siedlung am Rande der Wüste aufbaut. Welch ein absurdes Unterfangen!

Es ist bitter, die Situation so beschreiben zu

müssen. Bitter, einen Unterschied zwischen Kirche und Gläubigen zu sehen. Bitter festzustellen, daß Menschen die ständig sprudelnde Quelle verlassen, um sich Zisternen zuzuwenden, die das Wasser nicht halten können. Trotzdem kann eine sofortige Änderung eintreten, wenn sich Pastoren wie Laien noch einmal den Segnungen zuwenden, die Gott durch den Geist für uns bereithält.

Die folgenden, bemerkenswerten Beispiele sollen der Beweis dafür sein, daß Gottes Arm nicht kürzer geworden ist und er heute noch erretten kann. Sein Ohr ist auch nicht taub geworden, so daß er nicht mehr hören könnte.

An einem Samstag war Christmas Evans, der berühmte walisische Prediger, auf dem Weg zu einem Ort, an dem er predigen sollte. Er berichtet, daß er plötzlich „eines kalten Herzens überführt wurde". Da die Straße einsam war, band er sein Pferd an, ging ein Stück abseits und warf sich voll Verzweiflung vor seinen Herrn. Er bekannte seine Sünden und die der Kirche, die seiner Obhut unterstand. Tief in ihm war eine Quelle aufgebrochen. Evans wurde mit Liebe und Kraft erfüllt, die seinen ganzen weiteren Dienst beeinflußten und zu einer Erweckung in der Grafschaft führte.

Pastor C.M. Birrell aus Liverpool erzählte mir einmal von einer Unterhaltung, die zwischen ihm und der Mutter von W.C. Burns stattgefunden hatte, als er noch ein junger Mann war. Die Frau klärte ihn damals über die Ursachen der großen Erweckung auf, die ganz Schottland erfaßt hatte. Als sie eines Morgens in das Zimmer ihres Sohnes kam, um ihn zum Frühstück zu holen, fand sie ihn auf dem Boden liegend vor. Die ganze Nacht über hatte er so gelegen. Der Geist Gottes hatte ihn angerührt, und die Zeit war unbemerkt vergangen. „Mutter", sagte er, „in dieser Nacht hat Gott mir Kilsyth gegeben!" Aber nicht nur Kilsyth, wo sich noch am gleichen Tag einhundert Menschen bekehrten, sondern auch ganz Schottland und China, wo Burns später mit Hudson Taylor arbeitete.

Als ich mit Dwight L. Moody auf der Veranda seines Hauses in Northfield saß, erzählte er mir folgendes Erlebnis: Kurz nach seiner Bekehrung mietete er die große Markthalle in Chicago und versammelte dort zu seinen Abendgottesdiensten regelmäßig eine große Menschenmenge. Aber der Erfolg war vergleichsweise gering. In der ersten Reihe saß bei jedem Gottesdienst immer die gleiche Gruppe gläubiger Frauen. Wenn er dann die Bühne verließ, sagten sie immer wieder zu ihm: „Sehr gut, Mr. Moody. Aber es gibt noch etwas Besseres, und wir beten für sie."

Er fragte sich oft, was sie wohl damit meinten. War die Halle nicht voll? War das erneuerte Leben vieler nicht Zeichen für Gottes Segen? An einem Sommernachmittag, als er über die Fifth Avenue in New York ging, hatte Moody den Eindruck, er müsse mit Gott allein sein. Er ging in das Haus eines Freundes und fragte, ob er sich dort in einen Raum zurückziehen dürfe. In der geheiligten Stunde, die dann folgte, übergab er sein ganzes Wesen erneut dem Herrn und wurde mit großer Vollmacht getauft.

Während der folgenden Abendgottesdienste bewegte der Heilige Geist die Zuhörer mit solcher Macht, daß die Frauen, die für Moody gebetet hatten, mit Tränen in den Augen zu ihm sagten: „Mr. Moody, jetzt haben sie es!" Das Erlebnis in New York war der Beginn seines Dienstes in der Kraft des Heiligen Geistes, der die ganze Welt beeinflussen sollte.

Aber vielleicht ist das Erlebnis, das John Wesley berichtet, das herausragendste. Nach seiner Rückkehr von einem Amerika-Aufenthalt, bei dem nichts Wesentliches passierte, besuchte Wesley eine religiöse Versammlung in der Aldersgate Street in London. Dort traf er Peter Böhler, mit dem er später nach Herrnhut reiste, wo die gesegnete und missionarische Brüdergemeine auf Einladung des Grafen Zinzendorf ihre Heimat gefunden hatte. Dort erlebte Wesley sein Pfingsten.

Nach der Rückkehr nach London traf er sich mit seinem Bruder Charles, mit Whitefield und anderen Männern, deren Namen später wie Sterne leuchten sollten, in der Kirche der Brüdergemeine in der Fetter Lane. Über zwei Stunden saßen sie im Gebet zusammen, und dann wurden sie sich der geheimnisvollen Gegenwart des Heiligen Geistes bewußt. In ehrfürchtiger Anbetung fielen sie auf ihr Gesicht. Am nächsten Morgen nahm Whitefield die erste Kutsche nach Bristol, wo anschließend die große Erweckung ausbrach, deren himmlisches Feuer das ganze Land vor dem falschen Feuer der französischen Revolution bewahrte.

Kann nicht jeder Pastor und jeder Gemeindemitarbeiter, der diese Zeilen liest, einen Tag opfern, um sich in stillem Gebet vor Gott zu prüfen? Kennen wir das Erleben von Pfingsten aus eigener Erfahrung? Sind wir bereit, den Preis dafür zu zahlen? Sind wir bereit, Ruf, Stellung und das Ansehen in unserer Umgebung aufzugeben, wenn Gott es fordert, damit der Kanal für die Liebe Gottes gereinigt ist? Wir müssen dem „Ruhm des Lebens" absagen, bevor wir das Leben, das ewig währt, beanspruchen können. Aber alles das, was wir in der materiellen Welt aufgeben, wird uns mit größerer Schönheit und Kraft auf der geistlichen Ebene zurückgegeben werden. Der Mann, der in den Brunnen fiel und im Fallen ein Seil zu fassen bekam, hielt sich daran fest, bis seine Kräfte erschöpft waren. Dann erst bemerkte er, daß ihn nur wenige Zentimeter vom Boden trennten, den er so unverletzt erreichen konnte. Wie oft fürchten wir uns davor loszulassen! Aber nur wenn wir loslassen, finden wir Frieden und Kraft!

Laßt uns deshalb die folgenden Schritte gehen, die Andrew Murray vorschlägt:

1. Ich glaube, daß es einen besonderen Segen gibt: die Salbung durch den Heiligen Geist und die Ausstattung mit Kraft.

2. Ich glaube, daß es diesen Segen auch für mich gibt.

3. Ich habe ihn nie erhalten beziehungsweise wieder verloren, nachdem ich ihn erhalten habe.

4. Ich wünsche ihn mir und sehne mich nach ihm – egal, wie hoch der Preis auch ist. Ich bin bereit, alles was hinderlich ist, aufzugeben.

5. Ich öffne nun demütig mein Herz, um alles aufzunehmen, was mir mein Heiland schenken will. Auch wenn ich keine besonderen Gefühle verspüre, glaube ich, daß ich empfangen habe, wie es in Markus 11,24 steht.

Wenn du Schwierigkeiten hast, Schritt vier zu befolgen, dann nehme ich an, daß du Jesus nicht den Schlüssel zu der Tür geben willst, die du bis jetzt sorgsam vor ihm verschlossen hast. Dann bitte doch darum, daß er dich willig machen und sich um deine Schwierigkeiten kümmern möge. Entscheidend ist immer der Wille. Wenn der auf der Seite Christi steht, dann kannst du gewiß sein, daß keine Sünde und kein Hindernis dir unüberwindbar im Wege steht.

Wie man nun vorgehen kann, will ich mit Hilfe eines Traktates von Dr. Chapman beschreiben. Ich hoffe, keiner meiner Leser wird mich deswegen für hochmütig halten. Der Text lautet: „Ich war vor einigen Jahren zum Frühstück in das Haus von Moody eingeladen worden. Vor dem Essen ging ich aber noch in den Garten und traf unter einem Baum F.B. Meyer. Ich sprach ihn an: ‚Was ist bloß mit mir los? Oft scheine ich halb leer zu sein, und manchmal bin ich völlig ohne Kraft. Wie kommt das?' Meyer legte seinen Arm um meine Schulter und meinte: ‚Haben Sie schon einmal versucht, dreimal auszuatmen, ohne einmal einzuatmen?' Ich dachte, er spreche von einer neuen Atemtechnik und antwortete: ‚Nein!' ‚Gut', erwiderte er. ‚Dann versuchen Sie es doch gleich.'

Ich atmete also aus, mußte aber natürlich sofort

wieder einatmen. Darauf sagte F.B. Meyer: ,Sie müssen immer einatmen, bevor Sie ausatmen. Und Sie dürfen nicht mehr ausatmen, als Sie einatmen.' Dann sagte er noch ,Guten Tag' und ging ins Haus.

Ich aber hatte meine Lektion verstanden und wußte nun, daß ich versucht hatte, mehr auszuatmen, als ich vorher eingeatmet hatte."

Man muß den Geist von Pfingsten ständig einatmen.

GOTTES TREUE

O Heiland! Lehre mich, mich nicht auf mein wankelmütiges und schwankendes Herz zu verlassen, sondern stärker und beständiger auf Gott zu vertrauen! Ich will nicht nur zu ihm beten. Lehre mich, mit seiner Treue zu rechnen!

Und Jesus antwortete und sprach zu ihnen: Habt Glauben an Gott. Wahrlich, ich sage euch: Wer zu diesem Berge spräche: Heb dich und wirf dich ins Meer! und zweifelte nicht in seinem Herzen, sondern glaubte, daß es geschehen würde, was er sagt, so wird's ihm geschehen. Darum sage ich euch: Alles, was ihr bittet in eurem Gebet, glaubet nur, daß ihr's empfanget, so wird's euch werden.
(Markus 11,22-24)

Vor einigen Jahren machte mich Hudson Taylor auf diese Worte unseres Herrn aufmerksam und erzählte mir, welch großer Segen sie ihm in den ersten Tagen der China-Inland-Mission gewesen waren. Er sagte dies nach der Rückkehr von seinem ersten China-Aufenthalt und war tief bewegt von der Notwendigkeit, im Innern des riesigen Landes Missionsstationen zu gründen. Bis zu jener

Zeit lagen diese nämlich ausschließlich an der Küste.

Es schien, als habe der Heiland ihm gesagt: „Hudson Taylor, ich werde jetzt das Binnenland von China evangelisieren; wenn du mit mir gehen willst, dann werde ich es durch dich tun!" Taylor nahm die Herausforderung und das Versprechen freudig an, und bevor dieser treue Diener Christi nach Hause fuhr, war auf 1000 Missionsstationen die Evangelisationsarbeit im Inland Chinas aufgenommen worden.

Das Geheimnis, das er in diesen Versen entdeckt hatte, lag darin, mit Gottes Treue zu rechnen und zu glauben, daß das, was für Abraham galt, auch gleichermaßen für ihn galt. „Er glaubte dem Herrn und es wurde ihm zur Gerechtigkeit angerechnet."

In 1. Samuel 1,18 lesen wir, daß Samuels Mutter, nachdem sie ihr Herz Gott ausgeschüttet und ihn gebeten hatte, ihr einen Sohn zu schenken, ihres Weges ging und an dem Opferfest mit frohem Gesicht teilnahm. „Die Frau sah nicht mehr traurig aus." Wenn wir mehr wüßten, so glaube ich, würden wir entdecken, daß sie es nicht für nötig hielt, ihr Gebet zu wiederholen; so sicher war sie, daß es erhört war und daß sie ein Kind bekommen würde. Sie rechnete mit Gottes Treue!

In Johannes 4,50 war der königliche Beamte, der vom Bett seines sterbenden Sohnes kam, um die Hilfe des Heilands zu erbitten, so sicher, daß auf seine Bitte hin sein Sohn leben würde, daß er sofort nach Hause ging, als der Heiland ihm versicherte: „Dein Sohn lebt." „Der Mann glaubte dem Wort, das Jesus zu ihm gesprochen hatte, und ging hin."

Er war sich so sicher, daß seine Bitte erhört worden war, daß er sich auf dem Weg zurück nach Kapernaum sogar schlafen legte, wie uns die Angabe „gestern" andeutet. Er war so zuversichtlich, daß er sich nicht weiter ängstigte. Er verließ sich völlig auf die Versicherung des Herrn und wußte, daß das, was dieser ihm gesagt hatte, auch eintreffen würde. Er war deshalb überhaupt nicht überrascht, als ihm am folgenden Morgen seine Diener berichteten, der Knabe sei gesund. Er hatte fest auf die Zusage des Herrn gezählt und Frieden gefunden!

In Apostelgeschichte 27,25+34 konnte Paulus, im Vertrauen auf die Zusage Gottes, daß alle seine Mitreisenden am Leben bleiben würden, seinen Reisegenossen solchen Mut geben, daß sie alle noch ein letztes Mahl nahmen, bevor sie die Getreideladung ins Meer warfen, und noch vor Tagesanbruch fanden sie eine Bucht, in die sie das Schiff steuern konnten. Sobald Gott ihm sein Versprechen gegeben hatte, hatte Paulus nichts mehr zu tun oder zu fürchten. Mit anderen Worten: Er rechnete fest mit Gottes Treue!

In der schönen Geschichte von Ruth haben wir ein ähnliches Beispiel, wie auf menschlicher Ebene mit der Zusage eines vertrauenswürdigen Mannes gerechnet wird. Am späten Nachmittag erreichen Naemi und Ruth nach anstrengender Reise Bethlehem. Vermutlich hatte das alte Haus, das

71

sie vor zehn Jahren verlassen hatten, die Zeit über leergestanden. Dort fanden sie Unterschlupf, während sie Nahrung durch Ruths Nachlese auf den umliegenden Feldern erhielten. Sie war zwar sehr tüchtig, aber eine dauernde Verbesserung ihrer Situation konnte nur durch eine Heirat erreicht werden. Nach jüdischem Brauch hatte sie ein Anrecht auf einen angesehenen Bürger, einen nahen Verwandten, der allgemein geachtet war und dessen Sitz im Dorfrat lauteren Lebenswandel und Gerechtigkeit garantierte. Naemis Gedanken kamen immer wieder auf ihn zurück, und sie hörte mit Freuden, daß er bereit war, alles in seiner Macht Stehende zu tun, um ihnen zu helfen. Die einzige Schwierigkeit lag darin, daß ein noch näherer Verwandter den ersten Anspruch geltend machen konnte.

Die Sache mußte vom Dorfrat entschieden werden. Stunde um Stunde verging mit unwichtigen Formalitäten. In der Zwischenzeit warteten die beiden Frauen auf den Urteilsspruch. Die ältere Frau, Naemi, hoffte zuversichtlich auf die Fürsorge Gottes und war sicher, daß alles gut ausgehen würde. Ruth, die mit ihr im Zelt saß, fiel es schwer, Geduld zu bewahren. Sie stand immer wieder auf, ging zur Tür und beobachtete, ganz nervös vor Aufregung, die Straße. Sie konnte Licht und Schatten, die sich in ihrem Herzen abwechselten, nicht beruhigen. Schließlich hielt es Naemi nicht mehr aus und sie sagte: „Sitz still! Wir haben die Sache unserem Verwandten anvertraut. Wir können ihm völlig vertrauen. Dieser Mann wird keine Ruhe geben, bis er heute diese Sache geordnet hat. Sitz still, sitz still!" Und so war es! Bald kamen Schritte den Weg herauf, und Boas trat ein, um mitzuteilen, daß alles geregelt sei. Der nächste Verwandte hatte seinen Anspruch zurückgezogen. Damit war der Weg für Boas frei, Ruth zu heiraten. Nach der Nacht voller Tränen kam der Morgen der Freude. Die beiden Frauen konnten ruhig wartend dasitzen, weil sie der Treue eines Menschen vertrauten. Wenn wir unsere Anliegen, unsere Sorgen und Nöte in die Hände Jesu gelegt haben, dann können wir noch viel ruhiger werden als Naemi. Unser Herr wird uns nicht im Stich lassen! Sei ruhig, meine Seele! Ruhe im Herrn und warte geduldig auf ihn!

Diese Beispiele für die Ruhe und den Frieden, die das Herz erfüllen, das gelernt hat, auf göttliche oder menschliche Treue zu vertrauen, zeigen uns, welchen Weg wir beschreiten müssen, wenn wir uns Sorgen machen wegen der Anliegen und Ergebnisse unseres Gebetes. Gib Gott deine Last wie ein Kind ab! Vertraue auf ihn und glaube, daß er die volle Verantwortung übernommen hat! Sage ihm deine Bitten! Überlasse sie Gott! Vertraue seiner treuen Fürsorge, tue alles, was getan werden muß! Gehe deinen Weg in Frieden!

Rechne mit Gottes Vergebung! Vor Jahren begegnete ich einem Mann, der mir sagte, er würde jeden Abend, bevor er sich schlafen lege, um die Vergebung aller Sünden bitten, deren er sich bewußt sei. Er wollte dadurch sichergehen, zu Jesus zu kommen, auch wenn er im Schlaf sterben würde.

„Aber das ist doch für Gott ein Schlag ins Gesicht!" entgegnete ich dem Mann. „Er hat uns doch zugesagt: ‚Ich will ihrer Sünden nicht mehr gedenken.'"

Wir können völlig sicher und gewiß sein: Gott löscht unsere Sünden aus! Wenn wir sie bekennen, dann ist er treu und gerecht und vergibt die Sünden, und zwar für immer! Wenn wir weiterhin täglich für die Vergebung derselben Sünden beten, dann bezichtigen wir Gott der Untreue. Was Gott einmal vergibt, das hat er vergessen! Er wirft unsere Sünden in die Tiefen des Meeres, und sie werden nie wieder ans Ufer gespült werden.

Wenn meine Enkel bei einem Ferienbesuch in meinem Haus eine kostbare Vase zerbrechen und dann gleich zu mir kommen, um ihr Mißgeschick zu bekennen, so werde ich ihnen verzeihen und sie behandeln, als ob nichts geschehen sei. Aber wenn sie Tag für Tag wiederkämen und denselben Unfall geständen, dann würde ich mich sehr ärgern. Ich müßte doch annehmen, sie mißtrauten meiner Einstellung und meinem Wort. Wie sehr muß es unseren himmlischen Vater bedrücken, wenn wir trotz aller seiner Versicherungen ihn immer wieder wegen der gleichen Sünde um Verzeihung bitten. Natürlich müssen wir uns gerade beim Beten immer wieder überprüfen, was wir gedacht, gesprochen und getan haben, um zu sehen, ob eine kürzlich begangene Sünde bekannt werden muß. Aber denken wir daran, daß Jesus einmal gesagt hat: „Wer gewaschen ist, braucht nur noch die Füße zu waschen, er ist sonst ganz rein."

Dies soll uns eine Lehre sein! Rechne mit Gottes absoluter Vergebung deiner bekannten Sünden. Gleichzeitig achte aber auch darauf, anderen, die gegen dich gesündigt haben, genauso zu vergeben.

Neben dem Vertrauen auf die absolute Vergebung rechne auch immer damit, daß Gott Gebete erhört. Wenn du einmal eine Sache bewußt und im Glauben an Gott abgegeben hast, dann vertraue ihm ganz. Er wird diese Sache in die Hand nehmen und zu einem guten Ende führen, auch wenn er dich vielleicht erst einmal warten läßt. „Der Herr wird alles, was mich betrifft, vollenden: seine Gnade währet ewig. Er wird das Werk seiner Hände nicht im Stich lassen."

Gebet ist der Ausdruck einer Zusammenarbeit zwischen dem menschlichen und dem göttlichen Geist. Wie schon ein sehr kleiner Stein eine Lawine auslösen kann, so setzt ein im Glauben gesprochenes Gebet die Kraft des aufgefahrenen Christus in Bewegung. Das Gebet ist der Angelpunkt, an dem Gott die Hebel seiner Allmacht ansetzt. Gerade unser Gebet ist der Kanal, durch den die Liebe und Fürsorge Gottes hindurchströmen zu den Menschen.

Das rechte Gebet hat zwei Merkmale. Erstens: Wir müssen dem Heiligen Geist gestatten, diejenigen unserer Wünsche auszusondern, die Gott nicht erfüllen will. Wir können Gott unseren Willen nicht aufdrängen, sondern müssen auf die Lösung unserer Lebensprobleme durch ihn warten. Gott wird diese Lösung sicher schenken, auch

75

wenn es vielleicht nicht zu dem Zeitpunkt geschieht, an dem wir es erwarten und erhoffen. Wenn wir nicht mehr weiter wissen, dann können wir getrost ihm vertrauen. Er weiß die beste Art der Lösung, er versagt nicht.

Zweitens müssen wir aufhören, uns Sorgen zu machen. Egal, wieviel Zeit vergeht oder wie bedrückend die Kombination der Hindernisse auch sein mag: wir können unser Herz beruhigen in einer Geduld, die aus einem unerschütterlichen Glauben wächst. Unser Herr wird nicht ruhen, bis er die Sache, die wir ihm anvertraut haben, zu einem guten Ende geführt hat. Vergiß nie, mit Gottes Treue zu rechnen! Dieser Anker wird immer halten.

Darüber hinaus rechne immer mit Gottes Führung. Wir haben einen weiten Bereich in uns, den wir als das Unterbewußtsein kennen. Man nimmt an, daß vieles, was sich in diesem Bereich abspielt, niemals bis in unser Bewußtsein vordringt. Wie bei einem Eisberg bleiben sieben Achtel unter der Oberfläche verborgen. Mit unserer Hingabe an Jesus geben wir ihm das Recht, diese Tiefen zu betreten. Oft wird uns dann sofort klar, welchen Kurs wir bei bestimmten Problemen einschlagen sollen. Und dieser Kurs wird dann durch die äußeren Umstände und durch die Gaben, die wir geschenkt bekommen, bestätigt.

Wir wollen uns nochmals an die bereits zitierten Beispiele erinnern: Als Paulus im Tempel kniet, wird ihm deutlich, daß seine Lebensaufgabe die Missionierung der Heiden ist. Philippus spürt, daß er das Erweckungsgebiet Samaria verlassen soll, um an einen Wüstenpfad zu gehen: aber der Sinn bleibt ihm noch verborgen. Mary Fisher überquert Land und Ozean, um ihre Botschaft dem Sultan zu bringen, der sie mit Ernst und Aufmerksamkeit aufnimmt. Stephen Grellet hält eine Predigt inmitten von Bäumen, obwohl ihm scheinbar niemand zuhört. Doch diese Predigt führt dazu, daß Hunderte den Heiland finden. Carey weiß sich nach Indien berufen, Judson nach Burma, Mary Slessor nach Westafrika.

Zehntausende von Menschen, deren Lebenslauf nie bekannt wurde, sind dem Drängen des Geistes gefolgt und haben eine tiefe, bleibende Freude verspürt. Unser einziges Ziel muß es sein, auf Gott zu warten, damit er uns führt. Wir müssen unsere Seelen vor ihm zur Ruhe bringen. Wir dürfen die Verantwortung an ihn abgeben, er wird einen Weg öffnen, uns mit Gaben versorgen und uns bereit machen, mit Freuden in seinen Plan einzuwilligen. Die Sorge um die Dinge, die wir zurücklassen, und die Sorge um die Dinge, die noch verborgen vor uns liegen, können wir getrost seiner liebenden Fürsorge überlassen. „Befiehl dem Herrn deine Wege und hoffe auf ihn, er wird's wohl machen" (Psalm 37,5).

Durch die Erfahrungen eines langen Lebens habe ich gelernt, daß der beste Vertraute und Ratgeber Jesus ist. Die weiseste Entscheidung, die wir fällen können, ist die, unser ganzes Leben in seine Hände zu legen, ihn um Rat und Kontrolle zu bitten. „Vertraue dem Herrn von ganzem Herzen und verlasse dich nicht auf deinen Verstand", sagt Sprüche 3,5.

Vielleicht stellt er dir einen klugen und erfahrenen Freund zur Seite. Vielleicht hörst du ein Gespräch mit an oder stößt auf einen Zeitungsartikel, der genau die Informationen enthält, die du benötigst. Äußere Begebenheiten verbinden sich mit dem Leben in uns, so wie sich die Signale des Leuchtturms mit der Karte in der Hand des Kapitäns verbinden.

Sorge dich nicht! Plane nicht voraus! Habe keine Angst! Jesus, dem du vertraust, wird dich nicht im Stich lassen. Er wird nicht ruhen, bis er das vollendet hat, was du seiner Fürsorge anbefohlen hast. Rechne mit der Allmacht und Liebe deines treuen Schöpfers und Heilands, er wird dich nicht enttäuschen.

GEMEINSCHAFT MIT CHRISTUS

Herr Jesus, du hast gesagt: „Nehmt mein Joch auf euch!" Ich glaube, daß du an meiner Seite den harten Boden dieser Erde beschreiten willst! Ich will an deinem Pflügen und Säen teilnehmen, damit ich auch später an deiner goldenen Ernte Anteil habe.

Die Diener aber wußten's, die das Wasser geschöpft hatten.
(Johannes 2,9)

Das Wunder von Kana liegt zeitlich vor dem eigentlichen Beginn des Wirkens Christi. Aber die Lehre, die es vermittelt, ist von ewiger Wahrheit; und diejenigen, die Zugang zum Reich des Geistes gefunden haben, werden durch die Betrachtung dieses ersten Wunders inspiriert werden.

Kana war ein kleines Dorf, das hauptsächlich von Weinbauern bewohnt war. Die Weinberge, die sie bearbeiteten, fielen zu einer großen Ebene hin ab. Wir können uns die kleinen weißen Häuser am Abhang gut vorstellen. Dorthin kam unser Herr gleich nach dem Geschehen bei der Taufe durch Johannes, in Begleitung von fünf Jüngern, die ihm seit dieser Taufe folgten. Diese mögen recht erstaunt gewesen sein, von dem Ernst des Täufers, der Heuschrecken und wilden Honig aß, auf ein Hochzeitsfest zu geraten. Solch ein Fest zieht sich nach jüdischem Brauch über die Nachmittage und Abende einer ganzen Woche hin, wobei die Gäste tagsüber in ihren Häusern bleiben und abends zum Fest zusammenkommen.

Aller Wahrscheinlichkeit nach war die Familie, die das Fest veranstaltete, mit der Familie des Heilands in Nazareth verwandt. Dies erklärt, warum Maria sich für die Verpflegung verantwortlich fühlte. Auf jeden Fall wurde der Herr herzlich empfangen, und die Jünger müssen davon überzeugt gewesen sein, daß die natürliche Fröhlichkeit der Hochzeit mit den hohen Idealen, die Jesus vertrat, ganz im Einklang standen, auch wenn sie von dem Kontrast zwischen dem unschuldigen Frohsinn und der Einfachheit und dem Ernst des Täufers verwirrt waren.

Im Dienst eines Christen sollten gewisse Prinzipien beachtet werden: Wir finden sie alle in dieser eindrücklichen Geschichte.

Achte sorgfältig auf den richtigen Zeitpunkt!

„Meine Stunde ist noch nicht gekommen!" Maria war wahrscheinlich ungefähr 50 Jahre alt und ihr Haar von weißen Strähnen durchzogen. Aber vermutlich leuchtete in ihren Augen ein neues Licht, und ihre Schritte waren wieder leicht. Die Gerüchte, die sie aus dem Jordantal gehört hatte, hatten vermutlich ihre ganze Einstellung zum Leben verändert. Einige hatten ihr von dem himmlischen Licht erzählt, das um die Gestalt Jesu gewesen war, als er mit dem Täufer aus dem Fluß stieg. Andere hatten Gerüchte von einer Stimme gehört.

Dreißig Jahre lang mußte sie darauf warten, daß etwas geschieht, das ihre Ehre wiederherstellen und ihren Ehemann dafür belohnen würde, daß er sich so selbstlos vor sie gestellt hatte. Nichts dergleichen war jedoch geschehen, und Joseph war gestorben. Nun endlich schien es, als sollte sie große Dinge miterleben. Als die Diener – wahrscheinlich Freunde und Kameraden des Bräutigams – ihr sagten, daß wegen der Männer, die Jesus mitgebracht hatte, der Weinvorrat beinahe erschöpft war, erfüllte sie neue Hoffnung. Sie scheint überzeugt gewesen zu sein, daß Jesus auf wunderbare Weise eingreifen würde. So flüsterte sie ihm über den Tisch zu, daß der Wein zur Neige gehen würde.

Er hatte es schon bemerkt und antwortete, daß er die Uhr genau beobachten und auf den richtigen Moment zum Eingreifen warten würde. „Frau! Meine Stunde ist noch nicht gekommen!"

Hieraus können wir eine Lehre ziehen. Wir, die wir leicht zu hastig und voreilig in unseren Handlungen sind, brauchen diese Erinnerung! Wir müssen sowohl wachsam sein als auch beten! Unsere Augen müssen auf den Heiland gerichtet sein wie die der Diener auf die schnellen Handbewegungen ihres Herrn oder ihrer Herrin in den hebräischen Haushalten. Als es um den kranken Lazarus ging, blieb der Herr zwei weitere Tage an dem Ort, an dem er gerade war. Wir dürfen nicht vergessen, daß „jedes Ding seine Zeit hat und alles Vornehmen unter dem Himmel seine Stunde". „Es ist gut, daß der Mensch Hoffnung habe und ruhig warte auf die Errettung des Herrn!"

Achte sorgfältig darauf, genau das zu tun, was dir befohlen ist

Nach einer Weile wandte sich der Herr an den Chef der kleinen Gruppe von Freiwilligen, die die Gäste bediente, und bat ihn, die Wasserkrüge füllen zu lassen, die in der Nähe der Haustür standen. Diese Bitte war ein Test ihres Glaubens. Jeder dieser großen Wassertöpfe konnte ungefähr 80 Liter aufnehmen und sie waren schon zu einem anderen Zweck benutzt worden. Sie wurden nämlich, wie uns genau berichtet wird, für das jüdische Ritual der Reinigung gebraucht: Beim Eintreten der Gäste wurde aus ihnen Wasser über Hände und Füße gegossen, wie es der Brauch verlangte. Der Sand, die Hitze und der Schweiß machen in den Ländern, die der Sonnenglut ausgesetzt sind, eine häufige Anwendung des erfrischenden Wassers nötig.

Da die Krüge bereits leer waren, erforderte es einigen Aufwand an Kraft und Zeit, genügend Wasser aus einer Quelle in der Nähe zu holen. Die Männer mußten außerdem die Gäste bedienen. Sicher wäre am nächsten Morgen noch Zeit genug, diese voluminösen Krüge zu füllen, um für den neuerlichen Ansturm von Gästen gerüstet zu sein.

Trotz all dieser Dinge zögerten sie nicht, und da Maria ihnen geraten hatte, des Herrn Befehl zu befolgen, gehorchten die Diener sofort. Außerdem arbeiteten sie nicht nur halbherzig, denn es steht geschrieben, sie füllten die Krüge bis zum Rand. Sie waren so voll, daß ein Blatt, das zufällig vom Wind hereingetragen worden wäre, diese großen Krüge zum Überlaufen gebracht hätte und einige Tropfen auf den Boden geflossen wären.

Wenn du Christus dienen willst, so mußt du nicht nur warten, bis er seinen Befehl ausspricht, sondern du mußt genau und auf der Stelle gehorchen, was dir die leise, innere Stimme befiehlt. Sie kann inmitten des Durcheinanders der anderen Stimmen daran erkannt werden, daß sie sich niemals ändert, niemals fragt, sondern immer sehr direkt ist. Oft fordert sie einen Gehorsam, der gegen das oder über dem ist, was wir von Natur aus tun würden. Höre auf die leise, innere Stimme – die Stimme des Geistes Gottes –, und was sie dir sagt, das tu! Frage nicht, warum! Rede nicht, handle!

Diejenigen, die mit sofortigem Gehorsam antworten und es Christus gestatten, ihr absoluter Meister und Führer zu werden, die werden ihm ähnlich. Wie die Engel halten sie seine Gebote und lauschen der Stimme seiner Worte. Stephan Grellet hält eine Predigt im Wald, obwohl augenscheinlich kein Zuhörer da ist; und er erfährt acht Jahre später, daß sich ein Mann im Unterholz versteckt hatte, der sich durch seine Ausführungen bekehrte und schließlich ein Evangelist wurde, durch den viele zu Christus kamen. „Der Wind weht, wo er will, aber du kannst nicht sagen, woher er kommt und wohin er geht. So ist auch jeder, der vom Geist geboren ist." Denke immer daran, daß die innere Stimme früher oder später durch Konstellation der äußeren Umstände bestätigt werden wird. Die Vision des Petrus auf dem Hausdach wurde durch den Ruf auf der Straße unter ihm bestätigt!

Achte im Dienst für Christus darauf, daß du immer ein randvolles Maß gibst

Das kann eine ganz kleine Sache sein! Eine unbeliebte Sonntagsschulklasse übernehmen, einen Sterbenden besuchen, einen Brief schreiben, jemandem ein Traktat oder eine kleine Bibel geben. Unser Krug mag eine ganz einfache, gewöhnliche Handlung sein, aber höchstwahrscheinlich führt sie, wenn sie auf Jesu Befehl und in Gemeinschaft mit ihm getan wird, zu einer wunderbaren Entfaltung des Planes Gottes.

Nur tue deinen Teil von ganzer Seele, mit Einsatz und Hingabe! Laß es von dir aus an nichts fehlen! Es ist eine erstaunliche Ehre, daß der Herr uns um Hilfe bittet und uns erlaubt, seine Mitarbeiter zu sein. So wollen wir uns seines Vertrauens würdig erweisen.

Die Krüge wurden nicht ohne die harte Arbeit der Diener gefüllt. Es war keine leichte Angelegenheit, das Wasser aus dem nahegelegenen Brunnen zu ziehen und die großen Krüge zu füllen. Aber sie waren stolz darauf, mit einem Mann zusammenzuarbeiten, dessen Name und Ruhm langsam bekannt wurden. In dem Maße also, in dem wir uns aufopfern, wird uns auch Erfolg beschieden sein. Wollte uns der Herr nicht dies deutlich machen?

Wir wollen unsere Gedanken noch länger hier verweilen lassen; aber in der Zwischenzeit laßt uns darauf achten, daß wir in jedem Dienst, den wir tun, unser Bestes geben! Gib nie ein Zeugnis, ohne vorher nachzudenken und zu beten! Sei nie damit zufrieden, wie Gehasi den Stab des Propheten vor dem Angesicht des Todes aufzupflanzen, sondern lege dich wie Elisa auf das Kind, deinen Mund an den kalten Mund, deine Hände auf die Hände des Kindes – bis der Körper des Kindes warm wird. Gib deine beste, deine schönste, deine liebevollste, deine überfließendste Antwort auf jede Bitte, die dir im Namen Jesu vorgetragen wird!

Dann wird etwas Wunderbares geschehen! Viele von uns haben es erlebt! Wir haben eine Woche damit verbracht, unsere Predigt auszudenken und vorzubereiten. Wir haben den Wassereimer bis zum Rand gefüllt, aber wenn es dann soweit ist, haben wir das Gefühl, daß es nur ein sehr kläglicher Versuch ist, eben nur Wasser. Aber wenn wir dann anfangen zu reden und tränenüberströmte Gesichter sehen oder Augen, die von neuer Hoffnung erfüllt sind, dann erkennen wir, daß der Meister mit uns zusammengearbeitet und das Wasser in Wein verwandelt hat. „Die Diener aber wußten's, die das Wasser geschöpft hatten."

Nur der Meister und sie kannten das Geheimnis! Aber wie schön ist es, wenn es eine stille Übereinstimmung zwischen Jesus und dem Diener gibt, der es auf sich genommen hat, ihm zu dienen. Wenn wir mit ihm fischen gehen, zeigt er uns, wann und wo wir das Netz auswerfen müssen. Manchmal scheint er auch das Netz auszutauschen. Es soll unser Ziel sein, an diesem heiligen Pakt immer mehr teilzuhaben! Wir werden das Netz flicken, es vom Tang reinigen und es auf der richtigen Seite ins Wasser werfen. Wir werden die Krüge bis zum Rand füllen. Dann wollen wir damit rechnen, daß er seinen Teil tut. Laß die Leute den Diener vergessen, damit alle Ehre Jesus gegeben wird.

Zu unserer Schande müssen wir gestehen, daß wir manchmal so tun, als könnten wir aus eigener Kraft Wein machen. Aber wenn wir ihn ausgießen, ist es nur Wasser, und die Leute gehen ungetröstet, ohne Inspiration und ohne Hilfe bekommen zu haben, weg.

Wir alle kennen den gewaltigen Unterschied, den eine Predigt bewirkt, die mit der Salbung und der Kraft des Heiligen Geistes gehalten wird. Der Prediger wird beinahe über den überwältigen Folgen vergessen!

Erinnere dich daran, zu welch hohem Preis der Heiland die Erlösung erworben hat, die du in Anspruch nimmst!

Wir können dieses aufschlußreiche erste Wunder

nicht ruhen lassen, ohne uns die Worte aus 1. Johannes 5,6 ins Gedächtnis zu rufen: „Dieser ist's, der da kommt mit Wasser und Blut, nicht mit Wasser allein, sondern mit Wasser und Blut."

Dieser Vers wird gewöhnlich in bezug auf die erstaunliche Tatsache zitiert, die der Apostel so beschrieb: „Der Kriegsknechte einer öffnete seine Seite und alsbald ging Wasser und Blut heraus. Und der das gesehen hat, der hat es bezeugt, und sein Zeugnis ist wahr und derselbige weiß, daß er die Wahrheit sagt, auf daß auch ihr glaubet" (Johannes 19,34+35).

Die Soldaten waren erstaunt, daß Jesus schon tot war. Es war unnatürlich, daß einer in den besten Jahres des Lebens so schnell starb. Sie wußten nicht, woran das lag, aber um einen Fehler zu vermeiden, stachen sie ihm mit einem Speer in die Seite. Warum betont der Evangelist, daß, nachdem der Speer herausgezogen wurde, Blut und Wasser herausflossen, die die Brusthöhle gefüllt hatten? Dies beweist, daß unser Herr nicht an den Folgen der Kreuzigung gestorben ist, sondern sein Herz schon vorher gebrochen war. Die Medizin sagt uns, daß dieser Herzbruch fast mit Sicherheit in Gethsemane stattfand, als der Blutschweiß auf Christi Stirn erschien und das Gras netzte, auf dem er lag. So stark war der Kampf zwischen ihm und dem Fürsten dieser Welt, der Jesus am Sterben hindern wollte, daß der Heiland fürchtete, er würde sterben, bevor er Golgatha erreichte. Deshalb steht in Hebräer 5,7: „Er hat Gebet und Flehen mit starkem Geschrei und Tränen geopfert zu dem, der ihm vom Tode konnte aushelfen; und ist auch erhöret, darum daß er Gott fürchtete." Mit anderen Worten: Er wurde dort vom Sterben erlöst, und ein Engel stärkte ihn, damit er auch noch jene letzten quälenden Stunden durchhalten konnte, mit denen er die Erlösung für uns alle bewirkte!

Es ist ein wunderbares Vorrecht, mit Christus zusammenzuarbeiten. Aber wir werden nicht lange seine Lehrlinge sein, ohne diese Lektion zu lernen, daß er keinen Gefallen an einem Dienst für sich oder andere hat, der nicht unser Blut kostet! Das ist typisch für seinen Dienst an der Welt, und du wirst sehen, daß er dich bald fallen läßt, wenn du nicht bereit bist, dich aufzugeben und Blut zu lassen. Das allein zählt im Dienst an der Menschheit. Wenn wir uns die Gesellschaft heute ansehen, verstehen wir, warum so viele Menschen unglücklich sind. Sie haben nie gelernt, daß es das Geheimnis des Glücks ist, bis zum Punkt der Selbstverleugnung und des Selbstopfers zu gehen. Phillip Brooks hat es so gesagt: „Sie brauchen etwas, was sie hinaustreibt auf den offenen Ozean der Selbstaufgabe. Wenn nur eine langsame, ruhige Ebbe oder ein kräftiger Sturm käme und jedes Seil zerrisse, das sie an die hölzernen Stege ihres Eigen-Interesses bindet, und sie aufs offene Meer hinaustrüge! Eine Seele, die nur mit der Selbstaufgabe herumspielt, kann weder ihre wahre Freude noch ihre Kraft empfinden. Nur die Seele, die sich für immer für das Leben anderer hingibt, kann die Freude und den Frieden empfinden, den diese Hingabe schenkt."

Diese Blutspur in unserem Handeln ist eine Angelegenheit, über die wir nie sprechen können. Wenn das Blut vergossen wird, müssen wir unser Haupt salben und unser Gesicht waschen, damit kein Mensch erfährt, was geschieht. Weder die rechte Hand noch die linke Hand dürfen es wissen oder das Geheimnis verraten. Auch sei daran erinnert, daß wir kein Recht haben, Frau oder Kinder oder was immer notwendig ist, zu vernachlässigen. Es muß ein ganz privater Akt sein, nur auf dich selbst bezogen! Du sollst das Blut geben, nicht sie! Bleib fröhlich und lächle!

Als Jesus das Wunder von Kana vollbrachte, sah man keine Anstrengung oder Mühe, keine Falte auf seiner Stirn, keine Wolke verfinsterte sein Lächeln! Er lenkte keine Aufmerksamkeit auf sich; er brauchte keinen Dank und stahl sich unerkannt, wenigstens in diesem Moment, davon. Natürlich liegt kein besonderes Verdienst in solchen Taten. Das Blut, das wir vergießen, kann nicht wiedergutmachen, nicht erretten, nicht reinigen! Das kann nur sein Blut! Jedoch ist es richtig, daß die großen Menschenfischer der Welt Märtyrer gewesen sind und ihr Leben nicht wertgeschätzt haben!

Der beste Wein wird bis zum Schluß aufbewahrt! So pflegte unser lieber Herr zu handeln. Die Welt tut das Beste zuerst auf den Tisch, aber das Beste ist bald verspielt und erschöpft. Das Leuchten ist von der Jugend gewichen und die Farbe von den Wangen des Mädchens. „Eitelkeit über Eitelkeit, alles ist eitel!" Kommen die Kinder dieser Welt einer nach dem anderen zum Ende ihres Lebens, dann müssen sie bekennen, daß die Wasserquellen, von denen sie getrunken haben, salzig waren und daß ihre schillernden Blasen nur aus Wasser und Seife bestanden. „Die Welt vergeht mit ihrer Lust, aber der, der den Willen Gottes tut, bleibt ewig."

Unser Herr gibt immer im Überfluß, immer reichlich. Im Himmel wird er uns, nachdem wir ein Zeitalter mit ihm zusammen waren, dazu führen, immer mehr die Dinge zu erkennen, die Gott denen bereitet hat, die ihn lieben.

WIE WIR UNSEREN HEILAND KENNEN-LERNEN

Führe mich in deine Wahrheit und lehre mich! Hilf mir, dir nicht nur zu dienen, sondern zu deinen Füßen zu sitzen. Ich will dich immer mehr erkennen! Lehre mich, an der Gemeinschaft deines Kreuzes und Grabes teilzuhaben, damit ich einst sehe, wie du deine große Macht und Herrschaft an dich nimmst. So wird schließlich Gott alles in allem sein!

Ich achte auch alles für Verlust wegen der Vortrefflichkeit der Erkenntnis Christi Jesu, meines Herrn. (Philipper 3,8)

Diese Gewissensfrage stellt sich uns allen: ob wir genug Zeit auf unseren persönlichen Kontakt und unsere Freundschaft mit dem Herrn Jesus verwenden. Unzweifelhaft ist sie jetzt noch wie in einem dunklen Spiegel, nicht zu vergleichen mit der Gemeinschaft von Angesicht zu Angesicht, die einst möglich sein wird, wenn die Nebel der Erde beiseite geschoben werden. Aber dennoch kann man, wie Paulus behauptet, schon in diesem Leben eine

solch hervorragende Erkenntnis von Jesus erreichen, daß er persönlich bereit war, alle anderen
Dinge als Verlust anzusehen. Es wäre in der Tat
ein trauriger Kommentar zu den ungenutzten
Möglichkeiten unseres Lebens, wenn wir ihn am
Ende zu uns wie zu Philippus sagen hörten: „Ich
war so lange bei dir und du hast mich nicht erkannt." Paulus war andererseits bereit, alle Dinge
als Verlust zu betrachten, wenn er nur Christus ge-
wänne.

*Die Begebenheiten des Lebens können uns überaus
wertvolle Möglichkeiten erschließen, unseren Herrn
kennenzulernen*

Vielleicht ist unser Leben gerade so geordnet und
aufgebaut, daß dieses Ziel erreicht wird. Wahrscheinlich können die Engel mit allen ihren Fähigkeiten den Sohn Gottes niemals so erkennen wie
wir, die wir jahrelang in unserer menschlichen
Existenz mit ihm zusammenleben.

Im Gebirge sind wir froh, uns der Begleitung eines freundlichen Führers anvertrauen zu können,
der jeden Schritt des Weges kennt, den wir gehen
müssen. Wenn wir Kilometer um Kilometer zu-
rücklegen und entdecken, daß er mit jeder
Schwierigkeit leicht fertig wird, wir seine Recht-
schaffenheit und Fähigkeit erkennen, dann lernen
wir ihn schätzen und vertrauen, wie es vielleicht
die engsten Mitglieder seines Haushaltes nicht
können. Wir wissen aus eigener Erfahrung, wie
genau seine Kenntnis ist, wie scharf sein Auge, wie

sicher sein Tritt! So ist es auch mit dem Heiland. Am Anfang vertrauen wir ihm wegen der Dinge, die uns andere über ihn erzählen, aber im Laufe der Jahre können wir wie die Samariterin in der Vergangenheit sagen: „Wir haben ihn selbst gesehen und wissen, daß er wirklich der Heiland der Welt ist."

Wir können noch einen Schritt weiter tun und bekennen, daß es unser Vater zuläßt, daß unsere Not oft Höhepunkte erreicht, so daß wir sie beim besten Willen nicht mit eigener Klugheit oder Stärke überwinden können. Und dann erwachen wir plötzlich wie Hagar, als Gott ihr die Augen öffnete und sie die Quelle sah, die Ismaels Leben rettete (1. Mose 21,14-21).

Als Sanherib nach Jerusalem kam und die ganze Ausrüstung, die zum Stürmen der Mauer nötig war, mitbrachte, da entdeckten Jesaja und Hiskia, daß der Herr „ein Platz mit breiten Flüssen und Strömen" sein wollte, um die Gegner daran zu hindern, die äußeren Verteidigungsanlagen der Stadt zu erreichen. Es gab keinen natürlichen Fluß – Jerusalem lag auf dem Berg – aber der ewige Gott bildete den Ersatz für diesen Fluß, indem er den Angriff der Feinde abwehrte. Sie brauchten keinen Fluß, weil Gott selbst den Angriff durch sein rühmliches Eingreifen verhinderte (Psalm 46,4; Jesaja 33,21+22).

Erst als Esra auf dem Rückweg zu den Juden in Palästina am Euphrat halt machte, wurde ihm die Gefahr bewußt, die mit der Durchquerung der Wildnis verbunden war, weil dort räuberische

Stämme wohnten. Aber der Herr erhörte sein Gebet und ersetzte ihnen den Begleitschutz durch
Soldaten und Reiter. Die Gefahren jener Reise
durch die Wüste zeigten einen Charakterzug Gottes, den sie sonst nie kennengelernt hätten (Esra
8,22).

Die Schwestern von Bethanien hätten unseren
Heiland nie als Auferstehung und Leben erfahren,
wenn die tödliche Krankheit nicht zum Tode ihres
Bruders geführt hätte. So waren sie später für die
Trauer dankbar, die zu dieser Offenbarung geführt hatte. Paulus hätte nie gewußt, wie Jesus sein
kann, hätte er nicht unter dem Pfahl im Fleisch gelitten. Sein Leiden eröffnete eine neue Perspekti-
ve.

Fürchte nicht das Handeln Gottes! Er führt dich
auf rechter Straße! Manche Bibelstellen hättest du
nie verstanden und manche Gnadenerweise nie
bekommen, wenn dein Leben nicht gerade so ver-
laufen wäre!

*Einsamkeit ist eine Möglichkeit für den Heiland,
sich zu offenbaren*

Als der geliebte Apostel Johannes allein auf der
Insel Patmos war, da war er „im Geiste", und der
Geist offenbarte den Herrn. Und in dieser Gemeinschaft konnte er die Offenbarung empfangen. Die alten Mystiker gingen in die Wüste, um
diese nahe Verbundenheit zu erleben. Aber das ist
nicht nötig. Versuche einmal, allein zu sein! Laß
einige Zeit verstreichen, bis der Glanz der Welt

94

aus deinen Augen gewichen ist! Höre nicht auf die Stimme der Oberflächlichkeit, des Hasses und der Termine! Wer Christi Gebote kennt und hält, der ist es, der ihn liebt, und solcher wird von ihm und dem Vater geliebt werden und sie werden zu ihm kommen und Wohnung bei ihm nehmen, bis eine der vielen Wohnungen dort oben für immer seine Heimat wird.

Thomas von Kempis sagt einmal: „Schließe deine Tür hinter dir und rufe zu Jesus, dem deine Liebe gilt. Ist Jesus nah, dann ist alles Gute nah; aber ist er fern, dann sind alle Dinge schwer. Spricht Jesus ein Wort, dann bist du getröstet. Ohne Jesus zu sein, ist die Hölle, aber mit ihm bist du im Paradies. Ist Jesus mit dir, kann kein Feind dir schaden."

Deine Einsamkeit ist eine große Chance für den Heiland. Er wird dich nicht ungetröstet und als Waise zurücklassen. Wenn du durch das dunkle Tal wanderst und alle Freunde dich verlassen haben, dann geht immer noch der gute Hirte mit dir und ist dein Schutz.

Stunden des Leides und der Schmerzen sind Gelegenheiten, den Heiland besser kennenzulernen

Es gibt keinen anderen Weg zum Leben und zum inneren Frieden als den Weg des Kreuzes. Dieser Satz ist richtig und wahr. Der Beweis dafür ist der Apostel Paulus. Er trug immer das Sterben Jesu mit sich: Armut, Verfolgung, Krankheit, der Haß der Juden – das waren die Tiefen, die sein Leben

prägten. Aber er war „mehr als ein Überwinder".
Er litt für Christus, aber Christus litt mit ihm.

Schrecke nicht zurück, wenn Christus dich in eine dunkle Kammer führt. Ein mir gut bekannter Mann mußte sich mehrerer chirurgischer Eingriffe unterziehen. Man wies ihn darauf hin, daß die Operationen lebensgefährlich seien. Weil er nicht mit getrübten Sinnen in die Ewigkeit gehen wollte, falls er während der Operation sterben würde, lehnte er jede Narkose ab. Als er dann auf dem Operationstisch lag, sah er auf dem Fußboden zwei durchbohrte Füße, die er als die Füße seines Herrn erkannte. Er war so von diesem Anblick gefesselt, daß er keinen Schmerz verspürte.

So wie bei meinem Freund wird Jesus auch bei uns sein, wenn wir Schmerzen haben. Wir können für Leiden und Schmerzen dankbar sein, denn Jesus ist uns dann besonders nahe. Denn letztlich ist nur eines für uns wichtig: der Vorzug, Christus Jesus, unseren Herrn, zu kennen. Die Welt ist voller Streit, Falschheit, Betrug und Heuchelei. Im Schatten der hereinbrechenden Nacht ist es schwer, Freund und Feind zu unterscheiden.

Nur über Jesus Christus gibt es keine Zweifel. Er ist der Schlüssel für all die Dinge, die uns in diesem Leben belasten.

Dies sei nun das letzte Wort. Alles, was ich auf den vorangegangenen Seiten gesagt habe, muß einem großen Ziel untergeordnet sein: dem Ziel, Christus zu erkennen, zu lieben, ihm zu gehorchen und ihn zu verherrlichen.